तुलसीदास

(आलोचना)

तुलसीदास

नंदकिशोर नवल

राजकमल प्रकाशन

ISBN : 978-81-267-2078-1

मूल्य : ₹495

पहला संस्करण : 2011
तीसरा संस्करण : 2014
पहली आवृत्ति : 2022

प्रकाशक : राजकमल प्रकाशन प्रा. लि.
1-बी, नेताजी सुभाष मार्ग, दरियागंज
नई दिल्ली-110 002
शाखाएँ : अशोक राजपथ, साइंस कॉलेज के सामने, पटना-800 006
पहली मंज़िल, दरबारी बिल्डिंग, महात्मा गांधी मार्ग, प्रयागराज-211 001
1, अनमोल सोराबजी संतुक लेन, धोबी तलाव, मरीन लाइंस, मुम्बई-400 002
वेबसाइट : www.rajkamalprakashan.com
ई-मेल : info@rajkamalprakashan.com

मुद्रक : राजकमल प्रेस
नई दिल्ली-110 002

TULSIDAS
Criticism by Nandkishore Nawal

स्वर्गीय माता-पिता को
जिनका वात्सल्य
अनुपम था

प्राक्कथन

अंग्रेजी के प्रख्यात प्रोफेसर डा. आर. के. सिन्हा का कहना था कि साहित्य के प्रति जो भी प्रतिक्रिया होती है, वह व्यक्तिगत होती है। इसी भरोसे तुलसीदास के काव्य पर मैंने यह छोटी–सी पुस्तक लिखने का साहस किया है। तुलसीदास हिंदी के सर्वश्रेष्ठ ही नहीं, मेरे सर्वाधिक प्रिय कवि भी हैं। स्वभावत: मुक्तिबोध, निराला और मैथिलीशरण की कविता पर पुस्तकें लिखने के बाद मैं तुलसीदास की कविता पर भी एक पुस्तक लिखना ही चाहता था, बावजूद इसके कि मध्यकालीन साहित्य में मेरी कोई पैठ नहीं है। तुलसीदास ने रामचरितमानस की 'प्रस्तावना' में लिखा है कि यह रघुनाथगाथा वे स्वांत:सुखाय लिख रहे हैं। मेरी यह पुस्तक भी स्वांत:सुखाय ही लिखी गई है। ऐसी स्थिति में पाठक भी यदि मेरे सुख में साझीदारी कर सके, तो मैं अपने को धन्य समझूँगा।

मुझे तुलसीदास के संबंध में निराला के विचार याद आते हैं। डा. रामविलास शर्मा ने 'निराला की साहित्य साधना' के प्रथम खंड में यथास्थान लिखा है : "अंग्रेजी और बँगला के अनेक कवियों के नाम गिनाने के बाद एक दिन (निराला) बोले– 'इन सब बड़ेन क पढ़ित है तो ज्यू जरूर प्रसन्न होत है पर जब तुलसीदास क पढ़ित है तो सबका अलग धरि देइत है।' " "इतना ही नहीं, उन्होंने यह भी कहा कि 'हमार स्वप्न इहै सदा रहा कि गंगा के किनारे नहाय कै भीख मागिके रही और तुलसीदास क पढ़ी।' लेकिन दुर्भाग्यवश हिंदी लेखकों ही नहीं, पाठकों की नई पीढ़ी भी तुलसीदास के प्रति

घोर उपेक्षा का भाव रखती है और दोनों कबीर पर फिदा हैं, मानो एक युग में एक ही श्रेष्ठ कवि हो सकते हैं, उससे अधिक नहीं। तुलसीदास के प्रति उपेक्षा-भाव का कारण उनका वर्णाश्रम-धर्म का समर्थक होना है। यह किसी भी कवि को उसके विचारों की कसौटी पर रखकर परखना है। आश्चर्य की बात यह है कि कबीर हर तरह से परलोकवादी और योगमार्गी थे तथा स्त्री के संबंध में उनके विचार तुलसीदास से भी अधिक कटु थे, लेकिन नई पीढ़ी के लोग इसे नहीं देखते और कबीर के वर्ण-व्यवस्था तथा बाह्याचार- विरोध को ही उनका लक्ष्य मानकर उन्हें सर्वाधिक अंक देते हैं। मैं पुनः निवेदन कर रहा हूँ कि कविता का विचार क्या, विचारधारा से भी कोई अनिवार्य विरोध नहीं है, लेकिन ये कविता की कसौटी नहीं हो सकते। कविता की कसौटी चित्रण और उसमें पाई जानेवाली नाटकीयता एवं गहराई ही हो सकती है। अनेक युगों के ही नहीं, एक युग के कवियों का भी सौंदर्य-बोध अलग-अलग होता है, लेकिन 'सौंदर्य' एक ऐसी वस्तु है, जो बहुत कुछ शाश्वत है। यह असंभव है कि किसी कवि की कविता में सौंदर्य न हो और वह अमरता की अधिकारी हो। टी.एस. इलियट ने कहा था कि "ऐतिहासिक बोध उन कवियों के लिए, जो अपनी उम्र के पच्चीस वर्ष बाद भी कवि बने रहना चाहते हैं, लगभग अनिवार्य है। इस ऐतिहासिक बोध का मतलब है एक परिप्रेक्ष्य, जो अतीत की अतीतता से ही नहीं, उसकी वर्तमानता से भी संबद्ध हो। ऐतिहासिक बोध व्यक्ति को इसके लिए बाध्य करता है कि वह अपनी अस्थियों में सिर्फ अपनी पीढ़ी को लेकर ही न लिखे, बल्कि इस अनुभूति के साथ लिखे कि होमर से लेकर आज तक के यूरोप का संपूर्ण साहित्य उसमें अंतर्निहित है। इसमें उसके अपने देश के साहित्य का समानांतर अस्तित्व होगा और वह एक समानांतर क्रम में ही रचना करेगा।" हिंदी में कभी अपरंपरा की दुहाई दी गई थी। वह दुहाई तो समय के साथ समाप्त हो गई, लेकिन वह संपूर्ण नहीं, तो खंडित रूप में आज भी जारी है। तुलसीदास-जैसी संपदा से मुँह मोड़ लेना कितना त्रासद है, ऐतिहासिक बोध से युक्त लेखक इसकी कल्पना कर सकते हैं।

तुलसीदास के प्रति आकर्षण पहली बार मेरे मन में 1952 में उत्पन्न

हुआ, जब मैं आठवें का विद्यार्थी था। उसका श्रेय मेरे दो अध्यापकों को है। उनमें पहले थे दयालपुर हाई स्कूल के प्रधानाध्यापक स्वर्गीय गणेश मिश्र, जो स्वयं भी कवि थे, और दूसरे श्री दशरथ राजहंस, जो पटना विश्वविद्यालय से राजनीति विज्ञान में ऑनर्स करने के बाद अभी-अभी हमारे स्कूल में सहायक शिक्षक के रूप में आए थे। हिंदी शिक्षक की अनुपस्थिति में एक बार गणेश बाबू वर्ग में आए और उन्होंने हमारी पाठ्य-पुस्तक से 'पुष्प-वाटिका-प्रसंग' पढ़ाया। दूसरी बार उसी स्थिति में राजहंसजी वर्ग में आए और उन्होंने भी उसी से 'राम-वन-गमन' पढ़ाया। इन दोनों की अध्यापन-शैली इतनी मार्मिक और कविता में उनकी पैठ इतनी अच्छी थी कि मैं चौंक पड़ा। मैं तब तक कवि हो चला था और मुझ पर बच्चन तथा दिनकर-जैसे कवियों का गहरा प्रभाव था। मैं सोचने लगा, अरे, कविता तुलसीदास में भी है ! 1958 की गर्मियों में अंग्रेजी 'गीतांजलि' और 'राम की शक्ति-पूजा' पढ़ने के बाद मैंने अपने गाँव में स्वर्गीय गुरुजी (बाबू रामसोहाग सिंह) के साथ बैठकर रामचरितमानस पढ़ा। तबसे मुझ पर तुलसीदास का प्रभाव प्रगाढ़ से प्रगाढ़तर ही होता गया है। मेरी यह पुस्तक तुलसीदास के उक्त प्रभाव में ही लिखी गई है। यह जानते हुए भी कि उद्धरणबहुल आलोचना अच्छी नहीं होती, प्रस्तुत पुस्तक में तुलसीदास के काव्य से अत्यधिक पंक्तियाँ उद्धृत की गई हैं। उसमें मेरा उद्देश्य नई पीढ़ी को तुलसीदास की ताकत से परिचित कराना भी रहा है। मुझे डा. नामवर सिंह की यह बात हमेशा याद रहती है कि उद्धरण के लिए पंक्तियाँ चुनने में भी एक क्रम और सुरुचि होती है। आचार्य रामचंद्र शुक्ल इसका सबसे अच्छा उदाहरण हैं, जिसका परिणाम है 'आलोचना का शुक्ल-पक्ष' नामक संकलन। आचार्य शुक्ल की रसज्ञता में किसी को संदेह नहीं हो सकता। वह कहीं बाधित हुई है, तो उनकी अपनी मान्यताओं के कारण, यथा बिहारी सतसई से पंक्तियाँ चुनते समय उन्होंने बिहारी के सर्वश्रेष्ठ दोहों को छोड़कर प्रायः उन दोहों को चुना है, जो उनकी मान्यता को उदाहृत करते हैं। ज्ञातव्य है कि प्रेम पर लिखी गई रोलाँ बार्थ की एक पुस्तक है 'ए लवर्स डिसकोर्स', जिसमें प्रेम के विभिन्न पक्षों से संबंधित विभिन्न लेखकों के सिर्फ उद्धरण संकलित किए गए हैं।

इस पुस्तक की रचना के लिए मैं सर्वाधिक कृतज्ञ अपनी धर्मपत्नी श्रीमती रागिनी शर्मा का हूँ, जिन्होंने रुग्णावस्था में भी, अपनी जान पर खेलकर, इस पूरी पुस्तक का 'डिक्टेशन' लिया है। इसके पीछे उनका साहित्य-प्रेम ही हो सकता है। डा. तरुण कुमार के परामर्शों से भी मैं लाभान्वित हुआ हूँ और डा. योगेश, डा. पंडित विनय कुमार तथा कवि संजय शांडिल्य ने भी अन्य प्रकार से मेरी सहायता की है। प्रसिद्ध मनश्चिकित्सक डा. विनय कुमार ने बड़े स्नेह और आदर से मेरे स्वास्थ्य की साज-सँभाल की है। ये सभी मेरे हार्दिक धन्यवाद के पात्र हैं।

नंदकिशोर नवल

घाघा घाट रोड, महेंद्रू
पटना-800 006
25 सितंबर, 2010

अनुक्रम

सुगम अगम मृद मंजु कठोरे।
अरथ अमित अति आखर थोरे।
ज्यों मुखु मुकुर मुकुरु निज पानी।
गहि न जाइ अस अद्‌भुत बानी।।

अन्य काव्य

तुलसीदास (1530-1623 ई.) पर गहन शोध करनेवाले विद्वानों ने उनकी बारह कृतियों को प्रामाणिक ठहराया है। वे हैं रामलला नहछू, रामाज्ञाप्रश्न, जानकीमंगल, रामचरितमानस, पार्वतीमंगल, गीतावली, विनयपत्रिका, कृष्णगीतावली, बरवै रामायण, दोहावली, कवितावली और हनुमानबाहुक। कुछ विद्वान् हनुमानबाहुक को कवितावली का ही अंग मानते हैं, क्योंकि इन दोनों ही कृतियों में हनुमान की स्तुति और कवि की बाहु-पीड़ा का वर्णन है। निस्संदेह कवितावली में यह वर्णन उसके उत्तर-कांड के अंत में है। तुलसीदास ने प्राय: सभी देवताओं से निराश होकर अंत में हनुमान से प्रार्थना की है कि वे उनके असहनीय कष्ट को दूर करें, जो अब सारे शरीर में फैल गया है। ऊपर उनकी जिन कृतियों का उल्लेख किया गया है, उनमें से केवल तीन के रचना-काल का निर्धारण हो सका है। उनमें से पहली कृति रामाज्ञाप्रश्न है, दूसरी रामचरितमानस और तीसरी पार्वतीमंगल। बाकी कृतियों का रचना-काल अनुमित है। वैज्ञानिक विधि से पाठ-संपादन सिर्फ रामचरितमानस का हो सका है, लेकिन शेष कृतियों का जो मुद्रित पाठ प्रचलित है, वह विद्वानों के अनुसार भी प्राय: मूल पाठ से मिलता है। इस कारण प्रस्तुत निबंध में निस्संकोच उन्हें ही आधार मानकर चला गया है।

रामलला नहछू (1559) तुलसीदास की पहली रचना है। स्वभावत: यह किसी भी दृष्टि से उल्लेखनीय नहीं है। अवसर राम के यज्ञोपवीत का है, जिसमें उनका नहछू-संस्कार संपन्न होता है। एक खास बात यह है कि इसमें

कई जगह राम को 'दूलह' कहा गया है, जिससे भ्रम होता है कि उक्त अवसर राम–विवाह का है। राम की बारात अयोध्या से नहीं निकली थी, इसलिए पाठक सोचने लगते हैं। इस भ्रम का निराकरण तब होता है, जब उन्हें पता चलता है कि अवध–जनपद में जिस बालक का यज्ञोपवीत–संस्कार संपन्न होता है, उसे भी 'दूलह' या 'दूल्हा' कहा जाता है। बिहार में उस बालक को 'बरुआ' कहते हैं। निश्चय ही यह 'वर' शब्द का तद्‌भव है। इस तरह 'दूलह' और 'बरुआ' में कोई फर्क नहीं रह जाता।

रामलला नहछू में सिर्फ बीस छंद हैं। सारे के सारे छंद बीस मात्राओं के हंसगति नामक छंद में रचित हैं, जिनके अंत में 'हो' के रूप में दो मात्राएँ जोड़कर तुलसीदास ने उसे लोकगीत के करीब लाने की कोशिश की है। कहा जाता है कि उत्तर प्रदेश के कुछ हिस्सों में नहछू के अवसर पर यह काव्य गीत के रूप में औरतों द्वारा गाया भी जाता है। वैसे यह पूरा काव्य काव्य–गुण से रहित है। मुझे इसके एक ही छंद की एक ही पंक्ति में, जो उसकी अंतिम पंक्ति है, काव्य–गुण दिखलाई पड़ा है, जिसे मैंने एक इतर कारण से भी रेखांकित किया है। पहले आप वह छंद देखें–

बनि बनि आवति नारि जानि गृह मायन हो।
बिहँसत आउ लोहारिनि हाथ बरायन हो।।
अहिरिनि हाथ दहेंड़ि सगुन लेइ आवइ हो।
उनरत जोबनु देखि नृपति मन भावै हो।।

राजा के घर मातृका–पूजन है। उसमें लोहारिन कड़ा लेकर आती है और ग्वालिन दहेड़ी लेकर। ग्वालिन के उठते हुए उरोजों को देखकर राजा दशरथ प्रसन्न हैं। दिलचस्प है कि ग्वालिन वाली उक्ति के कारण तुलसी के मर्यादावादी भक्त इसे प्रक्षिप्त मानते हैं। उनका समर्थन रामलला नहछू की प्राचीनतम प्रति से भी होता है, जिसमें प्रतिलिपिकार ने इस छंद को छोड़ दिया है। ज्ञातव्य है कि बरवै रामायण के बालकांड में भी हमें एक छंद मिलता है, जो इस प्रकार है–

उठी सखी हँसि मिस करि कहि मृदु बैन।
सिय रघुबर के भए उनीदे नैन।।

तात्पर्य यह कि सीता की सखी हँसती हुई यह कहकर उठ जाती है कि अब वे दोनों निंदासे हो रहे हैं ! संकेत नवदंपति को शयन-कक्ष में जाने का अवसर देने की ओर है। इस छंद को कोई प्रक्षिप्त नहीं कहता, जबकि रामलला नहछू वाले छंद में भी तुलसीदास ने 'जोबनु' शब्द का प्रयोग कर एक तरह से 'उरोजों' को छिपाया है। रामलला नहछू में कहीं भी हमें एक महाकवि के आगमन की पदचाप नहीं सुनाई पड़ती।

रामाज्ञाप्रश्न (1564) तुलसीदास की दूसरी कृति है। प्रसिद्ध है कि इसकी रचना उन्होंने अपने मित्र गंगाराम ज्योतिषी को एक चिंता से मुक्त करने के लिए की थी। यह शकुन विचारने की पुस्तक है, जिसमें शकुन-विचार की एक पद्धति है, जिसे इसका उपयोग करनेवाले जानते हैं। यह सात सर्गों में ही विभक्त है और प्रत्येक सर्ग सात सप्तकों में, जिसका मतलब यह हुआ कि प्रत्येक सप्तक में सात छंद हैं। यह आद्यंत दोहा छंद में रचित है। विषय राम-कथा है। यह देखकर आश्चर्य होता है कि इसके चौथे सर्ग में कवि ने कथा को आगे न बढ़ाकर पुनः आरंभिक दो सर्गों की कथा कही है। अंतिम सर्ग में कोई कथा नहीं, सिर्फ शकुन-विचार है। एक बात और कि रामाज्ञाप्रश्न में शंबूक-वध और सीता-वनवास दोनों का जिक्र है, जो रामचरितमानस में अनुपस्थित है। आप ये दोहे देखें—

बिप्र एक बालक मृतक राखेउ राम दुआर।
दंपति बिलपत सोक अति आरत करत पुकार।।
राम सोक संकोच बस सचिव बिकल संताप।
बालक मीचु अकाल भइ रामराज केहि पाप।।
बिबुध बिमल बानी गगन हेतु प्रजा अपचारु।
रामराज परिनाम भल कीजिय बेगि बिचारु।।
कोसल पाल कृपाल चित बालक दिन्ह जिआइ।
सगुन कुसल कल्यान सुभ, रोगी उठै नहाइ।।

यद्यपि इन दोहों में शंबूक-वध का जिक्र नहीं किया गया, लेकिन आकाश में होनेवाली देववाणी 'हेतु प्रजा अपचारु' का स्पष्ट अर्थ है कि ब्राह्मण के पुत्र की मृत्यु का कारण प्रजा में किसी व्यक्ति का 'दूषित आचरण' करना था। प्रजावत्सल राजा राम ने (शंबूक का वध कर) ब्राह्मण-पुत्र को जिला दिया ! अब आप सीता-वनवास से संबंधित दो दोहे देखें—

राम कुचरचा करहिं सब सीतहि लाइ कलंक।
सदा अभागी लोक जग, कहत सकोचु न संक।।
सती सिरोमनि सीय तजि, राखि लोग रुचि राम।
सहे दुसह दुख सगुन गत प्रिय बियोगु परिनाम।।

इन पंक्तियों में तुलसीदास ने प्रजा को दोष दिया है और राम के दुस्सह दुख का भी उल्लेख किया है, पर उन्हें यह भी कहना पड़ा है कि 'सती सिरोमनि सीय तजि, राखि लोग रुचि राम', अर्थात् लोकापवाद से प्रभावित होकर उन्होंने सीता को 'सती शिरोमणि' जानते हुए भी त्याग दिया, यानी लोक ऊपर है और एक महान् साध्वी स्त्री का स्थान उसके नीचे है ! और तो और, इसमें वाल्मीकि के आश्रम में लव-कुश के जन्म और सीता के पृथ्वी-प्रवेश का भी वर्णन है।

रामाज्ञाप्रश्न से तुलसीदास की काव्य-क्षमता की परिपक्वता के दर्शन होने लगते हैं। वह अभिव्यक्ति के स्तर पर भी है और अनुभूति के स्तर पर भी। कुछ उदाहरण द्रष्टव्य हैं। पहले सानुप्रास पद-विन्यास से संबंधित कुछ दोहे—

1. *सब सगरभ सोहहिं सदन सकल सुमंगल खानि।*
तेज प्रताप प्रसन्नता रूप न जाहिं बखानि।।

2. *नाम सत्रुसूदन सुभग सुषमा सील निकेत।*
सेवत सुमिरत सुभग सुख सकल सुमंगल देत।।

3. *सूर सिरोमनि साहसी सुमति समीर कुमार।*
सुमिरत सब सुख संपदा मुद मंगल दातार।।

सभी दोहों में 'स' की बहार है, जिससे फसलों से वायु के गुजरने से पैदा होनेवाली सरसराहट का बोध होता है। पहले दोहे में दशरथ की रानियों के गर्भवती होने का वर्णन है, दूसरे में शत्रुघ्न का और तीसरे में हनुमान का। अब कुछ सरस दोहे—

1. *कहत उछाहु बढ़ाइ कपि साथी सकल प्रबोधि।*
   लागत राम प्रसाद मोहि गोपद सरिस पयोधि।।

2. *सकुल सदल जमराजपुर चलन चहत दसकंधु।*
   काल न देखत काल बस बीस बिलोचन अंधु।।

3. *नीच निसाचर मीचु बस चले साजि चतुरंग।*
   प्रभु प्रताप पावक प्रबल उड़ि उड़ि परत पतंग।।

4. *राम स्याम बारिद सघन बसन सुदामिनि माल।*
   बरसत सर हरषत बिबुध दला दुकालु दयाल।।

5. *अवध अनंदित लोग सब ब्योम बिलोकि बिमानु।*
   मनहुँ कोकनद कोक मन मुदित उदित लखि भानु।।

इन सभी दोनों में यथासंभव समान वर्णों की सांगीतिक योजना की गई है, लेकिन वस्तुतः ये अपने रसोद्रेक के कारण मोहक बने हैं। पहले दोहे में स्पष्टतः हनुमान का वर्णन है, जिन्हें अपने आराध्य राम की कृपा प्राप्त हो जाने के बाद विस्तृत समुद्र भी गोखुर के समान सीमित और लघु लगता है ! दूसरे दोहे में भयानक चित्र है। वह यह कि रावण काल के वशीभूत होकर अपनी बीस आँखों से भी मृत्यु को नहीं देख पा रहा है और अपने पूरे कुल के साथ यमलोक जाने को तैयार है ! तीसरे दोहे में राम की युद्धाग्नि में राक्षसों के पतंगों के समान उड़–उड़कर पड़ने का वर्णन है। चौथे दोहे में राम द्वारा अकाल–रूप कुंभकर्ण के वध का वर्णन है। यहाँ कवि अपने पाठकों को राम की अपूर्व शोभा दिखलाता है : राम घने बादलों की तरह श्यामवर्ण हैं और उनका पीतांबर जैसे विद्युत्–माल है ! पाँचवें दोहे में राम विमान से अयोध्या

पहुँचते हैं। लोग आकाश में विमान को देखते हैं और वैसे मोदमग्न होते हैं, जैसे सूर्योदय से कमल और चक्रवाक।

तुलसीदास को संस्कृत और लोकभाषा के शब्दों पर तो अधिकार था ही, उन्होंने अरबी, फारसी और तुर्की के प्रचलित शब्दों से भी परहेज नहीं किया है। रामाज्ञाप्रश्न में 'साहिब', 'गरीब' और 'नेवाज' शब्दों का प्रयोग मुक्त भाव से हुआ है। दो-तीन उदाहरण इसके भी—

1. *राम लखन हनुमान मन, दुहुँ दिसि परम उछाहु।*
*मिला **सुसाहिब** सेवकहि, प्रभुहि सुसेवक लाहु।।*

2. *पाहि पाहि असरन सरन, प्रनतपाल रघुराज।*
*दियौ तिलक लंकेस कहि राम **गरीब नेवाज**।।*

पहले दोहे में 'साहिब' शब्द का प्रयोग ही नहीं हुआ है, उसके साथ संस्कृत उपसर्ग का प्रयोग भी किया गया है। तुलसीदास निस्संकोच भाव से ऐसे शब्दों के साथ अनुप्रास ही नहीं मिलाते हैं, समास भी रचते हैं। दूसरे दोहे में 'रघुराज' और 'नेवाज' की तुक भी मिलाई गई है। कहने की आवश्यकता नहीं कि 'साहिब' और 'गरीब' अरबी के शब्द हैं और 'नवाज' फारसी का। वे हिंदी में आकर थोड़ा बदल गए हैं। 'ग़रीबनवाज़' अरबी और फारसी दोनों में चलता है।

आम तौर पर समझा जाता है कि तुलसीदास ने अवधी में सिर्फ अपना महाकाव्य रचा है— रामचरितमानस, और उनके बाकी काव्य-ग्रंथ ब्रजभाषा में है।। यह मान्यता पूरी तरह से भ्रम पर आधारित है। अपने छः ग्रंथ उन्होंने अवधी में लिखे हैं और हनुमानबाहुक को कवितावली का ही अंग मानें तो सिर्फ पाँच ग्रंथ ब्रजभाषा में। अवधी में लिखित उनके ग्रंथ हैं— रामलला नहछू, रामाज्ञाप्रश्न, जानकीमंगल, रामचरितमानस, पार्वतीमंगल और बरवै रामायण। उनके ब्रजभाषा के ग्रंथ हैं— गीतावली, विनयपत्रिका, कृष्णगीतावली, दोहावली और कवितावली। तुलसीदास का दोनों भाषाओं पर समान अधिकार था, लेकिन सूची से अवगत होने के बाद यह स्पष्ट हो जाता है कि उनकी अपनी भाषा अवधी थी। अवधी में रामचरितमानस और ब्रजभाषा में

विनयपत्रिका उनकी कीर्ति का आधार-स्तंभ हैं। इस कारण इन दोनों काव्यों पर हम किंचित् विस्तार से आगे के निबंधों में विचार करेंगे। उसके पहले ब्रजभाषा-काव्यों की कड़ी में ही हम कवितावली का भी स्वतंत्र रूप में अध्ययन करेंगे, क्योंकि वह उक्त दोनों ग्रंथों के बाद तुलसीदास का तीसरा उत्कृष्ट और लोकप्रिय काव्य-ग्रंथ है। रामलला नहछू और रामाज्ञाप्रश्न पर विचार करने के बाद अभी हम उनके अवधी में रचित शेष ग्रंथों को देखें। सबसे पहले बरवै रामायण (1604-1623), क्योंकि इसमें कविता के स्तर विषम हैं, कदाचित् जिसे ही देखकर डा. माताप्रसाद गुप्त ने इसे एक संग्रह-ग्रंथ माना है। तात्पर्य यह कि इसका संपादन करीब दो दशकों के बाद स्वयं कवि अथवा किन्हीं अन्य के द्वारा किया गया।

जैसा कि नाम से ही स्पष्ट है, यह पुस्तक बरवै छंद में रचित है। इस छंद का आकर्षण ऐसा दुर्निवार है कि अपनी काव्य-रचना के परवर्ती दौर में इसके बंधनों को किंचित् शिथिल करते हुए वामपंथी कवि नागार्जुन ने मदन-दहन को विषय बनाकर 'भस्मांकुर' नाम से एक पूरा काव्य रच डाला। कहा जाता है कि बरवै रामायण की रचना तुलसीदास ने अब्दुर्रहीम खानखाना के काव्य 'बरवै नायिकाभेद' से प्रेरित होकर किया। रहीम उनके मित्र भी थे और संभवतः उन्होंने अपना वह काव्य उन्हें भेजा भी था। बरवै रामायण में भी राम की ही कथा है। स्वभावतः यह भी मानस की तरह ही सात कांडों में विभाजित है। यह बात और है कि किसी-किसी कांड में छंदों की संख्या बहुत कम है। उदाहरणार्थ किष्किंधाकांड में सिर्फ दो छंद हैं, तो लंकाकांड में सिर्फ एक छंद। कविता के स्तर-वैषम्य का पता निम्नलिखित उद्धरणों से चलेगा।

इस कृति में सीता का रूप-वर्णन बहुत-कुछ वैसे किया गया है, जैसे वे रीतिकालीन नायिका हों, यथा—

बड़े नयन, कटि, भ्रुकुटी, भाल विसाल।
तुलसी मोहत मनहि मनोहर बाल।।
चंपक-हरवा अँग मिलि अधिक सोहाइ।
जानि परै सिय-हियरे जब कुँभिलाइ।।

सिय तुव अंग-रंग मिलि अधिक उदोत।
हार बेलि पहिरावौं चंपक होत।।

हनुमान जब लंका से सीता से मिलकर लौटते हैं, तो वे भी राम से कहते हैं–

सिय-बियोग-दुख केहि विधि कहउँ बखानि।
फूलबान ते मनसिज बेधत आनि।।

इसके विपरीत उत्तरकांड के अंतिम छंदों में तुलसीदास ने शांत रस की धारा प्रवाहित की है। उनकी अवस्था अधिक हो गई थी, इसलिए वे मृत्यु की भी बात करते हैं। आप ये छंद देखें–

तुलसी रामनाम सम मित्र न आन।
जो पहुँचाव रामपुर तनु अवसान।।
नाम भरोस, नाम बल, नाम सनेहु।
जनम जनम रघुनंदन तुलसिहि देहु।।
जनम जनम जहँ जहँ तनु तुलसीहि देहु।
तहँ तहँ राम निबाहिब नामसनेहु।।

बरवै रामायण के कुछ छंदों में सुंदर और सरल कवित्व भी मिलता है। किष्किंधाकांड में सीता और त्रिजटा की बातचीत है। चाँदनी रात में सीता का राम-वियोग-जनित दाह बहुत बढ़ जाता है। वे त्रिजटा से कहती हैं कि राम के बिना मुझे यह संसार जलता हुआ प्रतीत होता है। इस पर त्रिजटा उनसे निवेदन करती है कि यह शुक्ल पक्ष की रात है, दाहक धूप नहीं, इसलिए आप रात को दिन समझने का भ्रम न करें। छंद है–

डहकु न है उजियरिया निसि नहीं घाम।
जगत जरत अस लागु मोहिं बिनु राम।।

अब सरल कवित्व का एक उदाहरण–

सुमिरहु नाम राम कर, सेवहु साधु।
तुलसी उतरि जाहु भव उदधि अगाधु।।

रामलला नहछू, रामाज्ञाप्रश्न और बरवै रामायण भी एक तरह से खंड-काव्य ही हैं, लेकिन इनमें खंड-काव्य के शिल्प-विधान का कोई सौंदर्य नहीं है। वह हमें तुलसीदास के दो अन्य काव्यों– जानकीमंगल और पार्वतीमंगल– में दिखलाई पड़ता है। ये दोनों वस्तुतः अत्यंत मनोहर खंड-काव्य हैं, जिनमें क्रमशः सीता और पार्वती के विवाह का वर्णन है। इन दोनों काव्यों में हंसगति छंद का ही प्रयोग हुआ है, जो रामलला नहछू में दो मात्राओं की वृद्धि के साथ प्रयुक्त हुआ है। यह एक ऐसा छंद है, जिसमें मांगलिक अनुष्ठानों का वर्णन किया जाता है। इस कारण कुछ विद्वान् इसे 'मंगल छंद' भी कहते हैं, लेकिन 'मंगल' नामक कोई छंद नहीं, वह हंसगति छंद ही है। इन दोनों काव्यों के बीच-बीच में तुलसीदास के प्रिय छंद हरिगीतिका का भी प्रयोग हुआ है, जिससे लगता है कि हंसगति में वर्णित प्रसंग केंद्र से परिधि में फैलकर व्यापक हो गया है।

जानकीमंगल (1569) में भी सीता के रीति-नायिकात्व की झलक मिलती है, जैसे निम्नलिखित छंद में–

लसत ललित करकमल माल पहिरावत।
काम फंद जनु चंदहि बनज फँदावत।।

अर्थात् सीता सुंदर कमल-करों से राम को माला पहना रही हैं, तो लगता है कि कमल कामदेव की फाँस से चंद्रमा को फँदा रहा है ! इसके पहले भी–

राम दीख जब सीय, सीय रघुनायक।
दोउ तन तकि तकि मयन सुधारत सायक।।

इसका अर्थ अपेक्षाकृत स्पष्ट है। राम ने जब सीता को और सीता ने राम को देखा, तब कामदेव ने दोनों की ओर देख-देखकर बाण संधाने। तात्पर्य यह कि दोनों के मन में एक-दूसरे को देखकर काम की अनुभूति उत्पन्न हुई। राम और सीता दोनों यौवन की देहली पर पाँव रख रहे थे। तुलसीदास ने इसके आख्यान में भी काम का स्पर्श दिया है। निम्नलिखित छंद से ऐसी ही प्रतीति होती है–

राम सीय बय, समौ, सुभाय सुहावन।
नृप जोबन छबि पुरइ चहत जनु आवन।।

'जोबन' शब्द ही श्रृंगारिक ध्वनि से युक्त है। यौवन रूपी राजा किशोरावस्था को पार करते हुए राम और सीता के सौंदर्यरूपी नगर में प्रवेश करना चाहता है ! काम का यह स्पर्श निम्नलिखित उक्ति में भी है, जिसमें राम का परिछन करनेवाली जनकपुर की स्त्रियाँ राम का अपरूप रूप देखती हैं, तब अपनी सभी इंद्रियों में इंद्र-जैसी हजार आँखों से—

नख-सिख-सुंदर रामरूप जब देखहिं।
सब इंद्रिन्ह मँह इंद्र-बिलोचन लेखहिं।।

इससे स्पष्ट दृश्य उस समय का है, जब युवतियाँ आरती और निछावर करते हुए दूल्हे को देखती हैं और उसके रूप से मोहित होकर अपने शरीर की सुध भी भूल बैठती हैं, यानी उनके शरीर पर से वस्त्र हट जाता है, पर वे उसे नहीं सँभालतीं—

करि आरती निछावरि बरहिं निहारहिं।
प्रेममगन प्रमदागन तनु न सम्हारहिं।।

जानकीमंगल में अनेक कवित्वपूर्ण स्थल भी हैं, यथा—

देखि सपुर परिवार जनक हिय हारेउ।
नृप समाज जनु तुहिन बनजबन मारेउ।।

यह प्रसंग उस समय का है, जब सीता-स्वयंवर में आए हुए सारे राजा शिव के धनुष को तोड़ने की कौन कहे, उसे टस से मस भी नहीं कर सके। वे सभी लज्जित होकर अपने स्थान पर जाकर बैठ गए। यह निराशाजनक दृश्य देखकर संपूर्ण नगर और परिवार के लोगों के साथ जनक का दिल टूट गया। राजाओं की ऐसी दशा हो गई, जैसे कमल-वन में तुषारपात हुआ हो ! दूसरा स्थल वह है, जब राम विवाह के आभूषणों से सजकर तैयार होते हैं। इस समय तुलसीदास कहते हैं :

ब्याह-बिभूषन-भूषित भूषन-भूषन।
बिस्वविलोचन, बनज-विकासक पूषन।।

बेटी की विदाई से सीता की माता सुनयना की क्या स्थिति हुई, यह इस सरल छंद में देखिए—

प्रात बरात चलिहि सुनि भूपतिभामिनि।
परि न बिरह बस नींद, बीति गइ जामिनि।।

जानकीमंगल की अनेक उक्तियों को तुलसीदास ने रामचरिमानस में यथावत् ले लिया है, या उन्हें पल्लवित किया है। प्रमाणस्वरूप उनका यह हरिगीतिका छंद—

'जग जनम लोचन लाहु पाए' सकल सिवहि मनावहीं।
'बर मिलौ सीतहि साँवरो हम हरषि मंगल गावहीं'।।
एक कहहिं 'कुँवर किसोर कुलिस-कठोर सिवधनु है महा।
किमि लेहिं बाल मराल मंदर नृपहिं अस काहु न कहा'।।

ऐसे दो उदाहरण और—

1. *रूप रासि जेहि ओर सुभाय निहारइ।*
नील-कमल-सर-श्रेनि मयन जनु डारइ।।

2. *कर-कमलनि जयमाल जानकी सोहइ।*
बरनि सकै छबि अतुलित अस कवि को हइ।।

पहले छंद में रूप की राशि सीता सहज भाव से जिस ओर देखती हैं, मानो कामदेव नीलकमलों की झड़ी लगा देता है। तात्पर्य यह कि सभी काम के वशीभूत होकर उनकी ओर देखने लगते हैं, लेकिन मेरा ध्यान 'कमल-सर-श्रेनि' पर है, जिसका प्रचुर साम्य मानस के 'कमल सित श्रेनी' से है।

जानकीमंगल की कथावस्तु में भी मानस की तुलना में हलका-सा फेर-फार है। इसमें परशुराम राम को तब मिलते हैं, जब वे बारात के साथ अयोध्या लौट रहे हैं ('पंथ मिले भृगुनाथ हाथ फरसा लिए')।

पार्वतीमंगल (1586) चूँकि तुलसीदास की मानस के बाद की

रचना है, इसलिए स्वभावतः इसमें काव्यगत प्रौढ़ि के दर्शन होते हैं। कथा कालिदास के कुमारसम्भव वाली ही है, यानी पार्वती के साथ शिव का परिणय। कुमारसम्भव में तारकासुर द्वारा स्वर्ग पर कब्जा कर उसके द्वारा देवताओं और देवांगनाओं के उत्पीड़न का भी वर्णन है, साथ ही मदन-दहन का भी। लेकिन तुलसीदास ने अपने काव्य को पार्वती और शिव के परिणय तक ही सीमित रखा है। कालिदास और तुलसीदास दोनों महान् यथार्थवादी कवि थे, लेकिन दोनों की जीवन-दृष्टि और काव्य-दृष्टि में फर्क था। भारतीय संस्कृति और सौंदर्य का कवि होते हुए भी कालिदास की दृष्टि जहाँ मुक्त थी, वहाँ भारतीय मध्ययुग के लोकनायक होते हुए भी तुलसीदास की दृष्टि संयत थी। वे मूलतः भक्त थे, इसलिए अपने परवर्ती काव्य में उन्होंने शृंगार का असंयत वर्णन कहीं नहीं किया। पार्वतीमंगल भी भक्ति-भाव से रचित काव्य ही है। उस पर आने के पहले दोनों महाकवियों के दृष्टि-भेद को समझने के लिए कुमारसम्भव के कुछ श्लोकों को देखना उपयोगी होगा—

पार्वती युवावस्था में प्रवेश कर रही हैं। कालिदास उसका वर्णन करते हुए कहते हैं—

दिने दिने सा परिवर्धमाना लब्धोदया चान्द्रमसीव लेखा।
पुपोष लावण्यमयन्विशेषाज्योत्स्नान्तराणीव कलान्तराणि।।

जैसे शुक्ल पक्ष की चंद्रकला दिन-प्रतिदिन बढ़ती है, वैसे ही पार्वती भी दिन-प्रतिदिन बढ़ने लगीं और ज्योत्स्नामयी कलाओं के साथ लावण्य भरे उनके अंग भी दिन-प्रतिदिन बढ़ने लगे।

पार्वती ने शिव से ही विवाह करने का कठिन व्रत ले रखा था। उनके प्रेम की परीक्षा लेने के लिए स्वयं शिव ब्रह्मचारी का वेश धारण कर उनके पास आए। वे अपनी एक सखी के साथ तापसी वेश में बैठी हुई थीं। ब्रह्मचारी ने शिव के भयानक रूप का वर्णन कर उन्हें उनके मार्ग से विचलित करना चाहा, लेकिन वे अडिग रहीं। अंत में ब्रह्मचारी जब चुप नहीं हुआ, तो उन्होंने अपनी सखी से कहा—

निवार्यतामालि ! किमप्ययं वटुः पुनर्विवक्षुः स्फुरितोत्तराधरः।
न केवलं यो महतोऽपभाषते शृणोति तस्मादपि यः स पापभाक्।।

हे सखी ! देखो, इस ब्रह्मचारी का अधर हिल रहा है, संभवतः यह फिर कुछ कहना चाहता है। अतः इसे मना कर दो कि अब कुछ भी न कहे। क्योंकि बड़ों का निंदक ही पाप का भागी नहीं होता, उसे सुननेवाला भी पाप का भागी होता है।

आगे वे कहती हैं—

इतो गमिष्याम्यथवेति वादिनी चचाल बाला स्तनभिन्नवल्कला।
स्वरूपमास्थाय च तां कृतस्मितः समाललम्बे वृषराजकेतनः।।

अथवा मैं ही यहाँ से हट जाती हूँ, ऐसा कहकर पार्वती इतने झटके से घूमीं कि उनके स्तनों पर से वल्कल का आँचल हट गया। उसी समय शिव ने अपना वास्तविक रूप प्रकट कर मुस्कुराते हुए जाती हुई पार्वती का हाथ पकड़ लिया।

अंततः शिव के साथ पार्वती का विवाह संपन्न हुआ। प्रातःकाल जब वे अपने पति के साथ प्रथम रात्रि बिताकर वासक-गृह से बाहर आईं, तो कालिदास कहते हैं—

नीलकण्ठपरिभुक्तयौवनां तां विलोक्य जननी समाश्वसत्।
भर्तृवल्लभतया हि मानसीं मातुरस्यति शुचं वधूजनः।।

पार्वती की माता मेना शिव द्वारा उपभुक्त-यौवन वाली कन्या को देखकर अत्यंत आश्वस्त हो गईं, क्योंकि कन्या नववधू बनने के बाद पति का प्रेम पाकर ही माता के हृदय में उत्पन्न होनेवाली आशंका को दूर करती है।

तत्पश्चात्—

मेरुमेत्य मरुदाशुवाहनः पार्वतीस्तनपुरस्कृतः कृती।
हेमपल्लवविभङ्गसंस्तरामन्वभूत्सुरततत्परः क्षपाम्।।

वायु के समान वेग से चलनेवाले नंदी पर बैठ तथा पार्वती को आगे बिठाकर उनके स्तनों के मर्दन का सुख लेते हुए शिव मेरु पहाड़ पर जा पहुँचे और वहाँ सुनहले कोमल किसलयों से बनी शय्या पर संभोग-सुख लूटते हुए रात बिताई।

पार्वती में शिव इस कदर लिप्त हुए कि—

स प्रियामुखरसं दिवानिशं हर्षवृद्धिजननं सिसेविषुः।
दर्शनप्रणयितामतृश्यतामाजगाम विजयानिवेदितः।।

आनंद-वृद्धि करनेवाले प्रियतमा के अधरों का रस रात-दिन पीने के लिए इच्छुक शिव की ऐसी दशा हो गई कि वे विजया द्वारा दर्शन के लिए आए हुए अपने प्रियजनों का समाचार पाकर भी घर में ही बैठे रह जाते थे।

अब हम भक्त कवि और कवि भक्त तुलसीदास की रचना पार्वतीमंगल पर आएँ। तुलसीदास मूलतः राम-भक्त थे, लेकिन शिव के प्रति भी उनके मन में गहन भक्ति के भाव थे। वह इसलिए कि राम भी शिव को मानते थे और शिव के तो वे आराध्य ही थे। स्वभावतः इस काव्य के आरंभ में ही तुलसीदास कहते हैं—

कबितरीति नहीं जानउँ, कबि न कहावउँ।
शंकर-चरित-सुसरित मनहिं अन्हवावउँ।।
पर-अपवाद-विवाद-विदूषित बानिहि।
पावनि करउँ सो गाइ भवेस-भवानिहि।।

पार्वती का लालन-पालन बहुत प्यार के साथ हो रहा है। वे निरंतर वर्धमान हैं। तुलसीदास हरिगीतिका छंद में कहते हैं :

पितु, मातु, प्रिय परिवार हरषहिं निरखि पालहिं लालहीं।
सित पाख बाढ़ति चंद्रिका जनु चंद्रभूषन भाल हीं।।

जैसे ऊपर की पंक्तियों में ध्यान देने पर कई शब्दों में अनुप्रास की योजना दिखलाई देती है, वैसे ही इन पंक्तियों में शिव के भाल पर स्थित चंद्रमा की ज्योत्स्ना के शुक्ल पक्ष में निरंतर बढ़ते जाने की उपमा अत्यंत सुंदर है। मानस में जब मेना पार्वती को विदा करती हैं, तब कहती हैं : 'कत विधि सृजीं नारि जग माँहीं।/पराधीन सपनेहुँ सुख नाहीं', लेकिन इस कृति में पार्वती जब शिव की प्राप्ति के लिए तप करने हेतु गृह-त्याग करती हैं, तभी "बदति जननि 'जगदीश जुवति जिनि सिरजहि'।" शिव जब ब्रह्मचारी का वेश धारण कर पार्वती की परीक्षा लेने पहुँचते हैं, तो वे उनके सम्मुख जो तर्क रखते हैं, वह तुलसीदास की परिपक्वता का सूचक है। वे कहते हैं कि 'सुधा कि रोगिहि चाहहि, रतन कि राजहि ?', अर्थात् क्या अमृत स्वयं रोगी को ढूँढ़ता है और

क्या रत्न स्वयं राजा को पाने की इच्छा करता है ? तात्पर्य यह कि आप वर-प्राप्ति के लिए बेकार कष्ट उठा रही हैं। वर स्वयं आपको ढूँढ़ते आएगा और आपको बिना कष्ट मिल जाएगा। ब्रह्मचारी ने अंत में बेमेल विवाह का बेमिसाल चित्र उपस्थित किया :

गजअजिन दिव्य दुकूल जोरत सखी हँसि मुख मोरिकै।
कोउ प्रगट कोउ हिय कहिहि 'मिलवत अमिय माहुर घोरिकै'।।

मतलब यह कि जब पार्वती की सखी उनके सुंदर वस्त्रों से शिव के गजचर्म का गठबंधन करेगी, तब मुँह छिपाकर हँसेगी। कोई स्पष्ट कह उठेगी और कोई मन ही मन कहेगी कि अमृत और विष को मिलाया जा रहा है ! कोई भी मानेगा कि इन पंक्तियों में तुलसीदास का यथार्थ-बोध बोल उठा है। ब्रह्मचारी उसके मन में जो भी आता था, कहता जा रहा था, पर पार्वती का मन अचल था। यहाँ कवि की उपमा लाजवाब है। वह कहता है कि 'अचल-सुता- मन अचल बयारि कि डोलइ'। पार्वती पर्वतराज की पुत्री थीं, इसलिए उनका मन अचल रहा। क्या पहाड़ बयार से डगमगा सकता है ? अंत में पार्वती ने उस ब्रह्मचारी से कहा कि जहाँ चतुर स्त्रियाँ हों, वहीं जाइए, वे ही आपकी शिक्षा सुनेंगी। मैं तो बावले के प्रेम में बावली हो गई हूँ :

कहुँ तिय होहिं सयानि सुनहिं सिख राउरि।
बौरेहि के अनुराग भइउँ बड़ि बाउरि।।

विवाह तय हो जाने के बाद हिमालय ने जिन पहाड़ों, जंगलों, नदियों, समुद्रों और तालाबों के नाम सुन रखे थे, उन सभी को निमंत्रित किया। तुलसीदास के प्रांजल और आत्मीयतापूर्ण शब्दों में, 'गिरि, बन, सरित, सिंधु, सर सुनइ जो पायउ।/सब कहँ गिरिबर-नायक नेवति पठायउ।।' जब शिव की बारात पहुँची, तो उसके बारे में सुनकर मेना सोच में पड़ गईं। नारद की प्रेरणा से ही पार्वती ने वर के रूप में शिव की प्राप्ति के लिए तप किया था, सो वे सोचती हैं कि 'नारद के उपदेस कवन घर गे नहीं ?' यह मेना की चिंता, लेकिन तुलसीदास का विनोद है ! जब बारात की विचित्रता की चर्चा

चतुर्दिक् होने लगी, तो—

श्रीपति, सुरपति, बिबुध बात सब सुनि सुनि।
हँसहिं कमलकर जोरि, मोरि मुख पुनि-पुनि।।

देवगण मुँह मोड़कर बार-बार हँसते हैं, लेकिन दोनों हाथ जोड़े हुए, क्योंकि भूत-प्रेतों की यह बारात भूतनाथ की ही बारात नहीं थी, देवाधिदेव की बारात थी। शिव लोगों और देवताओं के मन की बात जान गए और 'भए सुंदर सतकोटि मनोज मनोहर'। उनका गजचर्म नील वस्त्र हो गया, देह में लिपटे सर्प मणियों के आभूषण में बदल गए और उनके रोम रोम पर सौंदर्य-सूर्य का उदय हो गया।

अंत में पार्वती की विदाई का दृश्य। "गहि सिवपद कह सासु 'बिनय मृदु मानबि।/गौरि सजीवनि मूरि मोरि जिय जानबि'।।" मेना की उक्ति हमें मानस में कौसल्या की उस उक्ति की याद दिलाती है, जिसमें वे सीता के वन जाते समय उनके बारे में कहती हैं : 'जिअन मूरि सम जोगवत रहेऊ।' वे बार-बार पार्वती को भेंटती और बार-बार उन्हें विदा करती हैं, जैसे नई ब्याई हुई गाय हुँकर-हुँकरकर अपने बच्चे की ओर दौड़ती हो—

भेंटि बिदा करि बहुरि भेंटि पहुँचावहि।
हुँकरि हुँकरि सु लवाइ धेनु जनु धावहि।।

कालिदास की काव्य-संवेदना काफी कुछ वन्य और नागर थी, जबकि तुलसीदास की काव्य-संवेदना मूलतः ग्रामीण, वर्ना उनकी कलम से ऐसा सजीव चित्र संभव न था। आचार्य रामचंद्र शुक्ल ने लिखा है कि तुलसीदास के मानसेतर अवधी-काव्य में वही मिठास मिलती है, जो जायसी के पदमावत में। इस बात में आंशिक सच्चाई ही है, क्योंकि अवध की मिट्टी की जो सोंधी गंध जायसी की ठेठ अवधी में है, वह तुलसीदास की कमोबेश परिष्कृत अवधी में नहीं।

2

गीतावली (1601) में भी, जिसका पहला नाम 'पदावली रामायण' था,

तुलसीदास ने रघुनाथ-कथा ही कही है, लेकिन इसमें उन्होंने अनुपात का ध्यान नहीं रखा। यह भी कांडों में विभक्त है। उनमें बालकांड सबसे बड़ा है, अयोध्याकांड उससे छोटा और किष्किंधाकांड में तो सिर्फ दो ही पद हैं। ऐसा लगता है कि तुलसीदास उस समय प्रचलित सभी काव्य-रूपों और छंदों में राम-कथा कहना चाहते थे, लेकिन मानस को छोड़कर किसी कृति को, वह दोहों में रचित हो, या पदों में, या कवित्त-सवैयों में, वे मानस की तरह पूर्णता नहीं प्रदान कर सके। निष्कर्ष निकाला जा सकता है कि जैसे भी हो, मानस को उन्होंने सुव्यवस्था प्रदान की है, लेकिन बाकी ग्रंथों के छंद वे अव्यवस्थित रूप से रचते रहे। ताज्जुब नहीं कि तुलसी-साहित्य के विद्वान् उनके कई ग्रंथों को संग्रह-ग्रंथ कहते हैं। गीतावली उन्हीं में से एक है। इस कृति के अवलोकन के बाद मुझ-जैसा पाठक इस नतीजे पर पहुँचता है कि यह तुलसीदास की एक बुद्धि-प्रसूत रचना है। उन्होंने इसकी शब्द-योजना, छंद-योजना और तुक-योजना में अपनी असाधारण क्षमता का प्रदर्शन किया है, लेकिन पदों में उस शक्ति का अभाव है, जिसे संस्कृत के आचार्यों ने प्रतिभा का पर्याय माना है। इसे देखने के लिए हमें गीतावली के विस्तृत बाल-वर्णन को देखना चाहिए, जिसमें न सूर-जैसी मर्मस्पर्शिता है और न कल्पनाजनित चित्रमयता। यह हिंदी-भाषी जनता के रस-बोध की परिपक्वता का अचूक प्रमाण है कि उसने गीतावली के सिर्फ एक पद को लिया और शेष संपूर्ण ग्रंथ को छोड़ दिया। यह घटना हमें नरोत्तमदास के खंड-काव्य 'सुदामाचरित' की याद दिलाती है, जिसका एक छंद तो हिंदीभाषी जनता का कंठाभरण हो गया, लेकिन पूरे काव्य को उसने छुआ ही नहीं। कहने की आवश्यकता नहीं कि वह छंद 'सीस पगा न झगा तन में' वाला सवैया है, जो काव्य-गुण की दृष्टि से लासानी है।

गीतावली के पदों से एक यह बात सामने आती है कि तुलसीदास तभी मार्मिक पद रच पाते हैं, जब वे कथा का आधार लेकर चलते हैं। ऊपर उनके जिस पद को प्रकारांतर से सर्वोत्कृष्ट कहा गया है, उसमें लंका-युद्ध में लक्ष्मण के शक्ति-बाण से विद्ध होने के बाद राम-जैसे असाधारण धनुर्धर का विलाप है। पूरा पद इस प्रकार है—

मेरो सब पुरुषारथ थाको।
बिपति बँटावन बंधु-बाहु बिनु करौं भरोसो काको।।
सुनु, सुग्रीव ! साँचेहू मो पर फेर्‌यो बदन बिधाता।
ऐसे समय समर-संकट हौं तज्यो लषन-सो भ्राता।।
गिरि, कानन जैहैं साखा-मृग, हौं पुनि अनुज-सँघाती।
ह्वैहै कहा बिभीषन की गति रही सोच भरि छाती।।
तुलसी सुनि प्रभु-बचन भालु-कपि सकल विकल हिय हारे।
जामवंत हनुमंत बोलि तब, औसर जानि प्रचारे।।

इस पद के प्रभावशाली होने का एक कारण यह भी है कि इसमें राम के उत्कट मानवीय रूप का चित्रण किया गया है। गीतावली में और भी कुछ पद हैं, जो किसी हद तक मर्मस्पर्शी हैं, यद्यपि वे उक्त पद तक नहीं पहुँच पाते। उनमें से हम पाँच-छः पदों को देखें। निम्नलिखित पद का संदर्भ राम-वन-गमन है। राम सीता को समझाते हैं—

रहहु भवन हमरे कहे, कामिनि।
सादर सासु-चरन सेवहु नित, जो तुम्हरे अति हित, गृहस्वामिनि।।
राजकुमारि ! कठिन कंटक भग, क्यों चलिहौ मृदु पद गजगामिनि।
दुसह बात, बरषा, हिम, आतप कैसे सहिहौ अगनित दिन जामिनि।।
हौं पुनि पितु-आग्या प्रमान करि अइहौं वेगि सुनहु दुति-दामिनि।
तुलसिदास प्रभु-बिरह-बचन सुनि सहि न सकी, मुरछित भई भामिनि।।

इस पद में भी सीता, राम के लिए, कामिनी के रूप में चित्रित हैं, इसलिए यह भी हमें रुचिकर लगता है। 'गजगामिनि' और 'दुति-दामिनि' विशेषण सीता के मानवी-रूप को असंदिग्ध रूप से पुष्ट करते हैं। दूसरा विशेषण तो पूरे पद को अपने भावालोक से जगमगा देता है।

सीता और लक्ष्मण के साथ राम वन जा चुके हैं। उनके वियोग में अयोध्या में उनके परिजन और पुरजन ही नहीं, पशु भी अतिशय दुखी हैं। यहाँ कौसल्या अपनी सखी से कहती हैं कि लोगों को तो मैं समझा लूँगी, लेकिन घुड़साल के घोड़ों को कैसे समझाऊँगी—

आली ! हौं इन्हहिं बुझावौं कैसे ?
लेत हिए भरि भरि पति को हित, मातुहेतु सुत जैसे।।
बार बार हिहिनात हेरि उत, जो बोलै कोउ द्वारे।
अंग लगाइ लिए बारे तें करुनामय सुत प्यारे।।
लोचन सजल, सदा सोवत-से, खान-पान बिसराए।
चितवत चौंकि नाम सुनि, सोचत राम-सुरति उर आए।।
तुलसी प्रभु के बिरह बधिक हठि राजहंस-से जोरे।
ऐसेहु दुखित देखि हौं जीवति राम-लखन के घोरे।।

हिंदी के जो विद्वान् आधुनिक कविता में पशुओं की अनुपस्थिति का रोना रोते हैं, उन्हें कभी-कभी कबीर को छोड़कर तुलसी की तरफ भी देखना चाहिए। अगले पद में रावण से अपमानित और ताड़ित होने के बाद विभीषण राम की शरण में जाने का निश्चय करते हैं। वे मन ही मन संकल्प करते हैं कि—

महाराज रामपहँ जाउँगो।
सुख-स्वारथ परिहरि करिहौं सोइ, ज्यौं साहिबहि सुहाउँगो।।
सरनागत सुनि बेगि बोलिहैं, हौं निपटहि सकुचाउँगा।
राम गरीबनिवाज निवाजिहैं जानिहैं, ठाकुर-ठाउँ गो।।
धरिहैं नाथ हाथ माथे, एहितें केहि लाभ अघाउँगो।
सपनो-सो अपनो न कछू लखि, लघु लालच न लोभाउँगो।।
कहिहौं, बलि रोटिहा रावरो, बिनु मोल ही बिकाउँगो।
तुलसी पट ऊतरे ओढ़िहौं, उबरी जूठनि खाउँगो।।

अंतिम पंक्तियों में विभीषण का हृदय राम-भक्ति से इस कदर अभिभूत हो गया है कि उसके आख्यान के लिए शब्द पाना कठिन है। वे कहते हैं कि मैं राम से कहूँगा कि मैं आपके टुकड़े खाकर रहूँगा, आपके उतरे हुए वस्त्र पहनूँगा और आपकी बची हुई जूठन पर गुजर करूँगा। 'ठाकुर-ठाउँ गो' का मतलब यह है कि राम मुझे बिना ठौर-ठिकाने का जानकर मेरी रक्षा करेंगे।

एक पद में तुलसीदास ने लक्ष्मण की जीवन-रक्षा के लिए पर्वत लिए हुए हनुमान को आकाश-मार्ग से गुजरते हुए दिखलाया है, जो अयोध्या

में भरत के बाण से धरती पर आ जाते हैं। उनके मुँह से 'राम' शब्द सुनकर भरत दौड़कर उनके पास पहुँचते हैं। पूरा पद इस प्रकार है—

कौतुक ही कपि कुधर लियो है।
चल्यो नभ नाइ माथ रघुनाथहि, सरिस न बेग बियो है।।
देख्यो जात जानि निसिचर, बिनु फर सर हयो हियो है।
पर्‌यो कहि राम, पवन राख्यो गिरि, पुर तेहि तेज पियो है।।
जाइ भरत भरि अंक भेंटि निज, जीवन दान दियो है।
दुख लघु लषन मरम घायल सुनि, सुख बड़ो कीस जियो है।।
आयसु इतहि, स्वामि संकट उत, परत न कछू कियो है।
तुलसिदास बिदर्‌यो अकास, सो कैसे कै जात सियो है।।

हनुमान ने खेल में ही पहाड़ को उठा लिया और राम को सिर नवाकर आकाश-मार्ग से चल दिए। उस समय उनका वेग अप्रतिम था। उन्हें अयोध्या के ऊपर से गुजरते देखकर भरत ने राक्षस समझकर उनके हृदय में बिना फलों का बाण मारा। वे 'राम' कहते हुए गिर पड़े। अयोध्या की रक्षा के लिए पवन ने पहाड़ को ऊपर ही रोक लिया। मानो नगर ने हनुमान का तेज पी लिया हो। 'राम' शब्द सुनकर भरत उनके समीप गए और उन्हें अपने आलिंगन में लेकर जीवन-दान दिया। लक्ष्मण के मर्माहत होने से उन्हें थोड़ा दुःख हुआ, लेकिन हनुमान को जीवित देखकर वे परम आनंदित हुए। स्वामी की आज्ञा अयोध्या में ही रहने की है और उधर उन पर युद्ध का संकट पड़ा है! भरत ने बहुत सोचा, पर कुछ करते न बना। उनकी अवस्था उस समय ऐसी थी, जैसे आकाश फट जाए, तो उसे कैसे सिया जाए? इस पद की अंतिम पंक्ति 'फुटलाइट' का काम करती है और अपने असाधारण कवित्व से ऊपर की सभी पंक्तियों को आलोकित कर देती है। गीतावली में भी रामाज्ञाप्रश्न की तरह ही शंबूक-वध और सीता-वनवास का उल्लेख है। पहला उल्लेख तो संकेतात्मक है, लेकिन दूसरा किंचित् विस्तृत और अत्यंत मार्मिक। रामराज्य की महिमा का बखान करते हुए शंबूक-वध की ओर इशारा कर तुलसीदास कहते हैं : 'नीचु हरि महिदेव-बालक कियौ मीचुविहीन'।

कवि ने तो बड़े प्रेम से 'नीचु' और 'मीचु' के बीच अनुप्रास मिलाया है, लेकिन आज यह उनकी संपूर्ण राम-भक्ति को मुँह चिढ़ा रहा है। यह देखकर तो हँसी आती है कि राम जब सीता के संबंध में लोकापवाद सुनते हैं, तो उनसे पूछते हैं कि उनकी रुचि क्या है ? तब वे उन्हें उत्तर देती है : 'मैं वन में जाकर स्त्री और बालकों के सहित तपस्वियों का पूजन करना चाहती हूँ।' पंक्तियाँ हैं—

चरचा चरनिसों चरची जानमनि रघुराइ।
दूत-मुख सुनि लोक-धुनि घर घरनि बूझी आइ।।
प्रिया निज अभिलाष रुचि कहि कहति सिय सकुचाइ।
तीय-तनय समेत तापस पूजिहौं बन जाइ।।

फिर तो भोरे-भोर राम ने लक्ष्मण को बुलाया और उन्हें आदेश दिया—

तात तुरतहि साज स्यंदन सीय लेहु चढ़ाइ।
बालमीकि मुनीस आश्रम आइयहु पहुँचाइ।।

राम की यह जल्दबाजी उनके स्त्री-विरोधी चरित्र को किसी प्रकार से ढँक नहीं पाती। यहाँ लक्ष्मण का चरित्र उनसे बहुत ऊपर उठ जाता है, जब वे वाल्मीकि के आश्रम में बार-बार सीता के चरणों पर गिरकर चुपचाप चल देते हैं और अपने मन में कहते हैं—

असन बिनु बन, बरम बिनु रन, बच्यो कठिन कुघाय।
दुसह साँसति सहन को हनुमान ज्यायो जाय।।
हेतु हौं सियहरन को तब, अबहु भयो सहाय।
होत हठि मोहि दाहिनो दिन दैव दारुन दाय।।
तज्यो तनु संग्राम जेहि लगि गीध जैसी जटाय।
ताहि हौं पहुँचाइ कानन चल्यों अवध सुभाय।।
घोरहृदय कठोर करतब सृज्यो हौं विधि बाँय।
दास तुलसी जानि राख्यो कृपानिधि रघुराय।।

अंतिम दो पंक्तियों का भावार्थ यह है कि मालूम होता है कि वाम विधाता ने

मुझे कठोर कर्तव्य करने के लिए कुटिलहृदय ही रचा है और इस बात को राम जानते हैं, इसलिए कठोर कार्यों के लिए वे मुझे ही आज्ञा दिया करते हैं ! सीता की स्थिति विचित्र है। वाल्मीकि आश्रम में उन्होंने दो पुत्रों— लव और कुश— को जन्म दिया, लेकिन 'सुरुष ऋषि, सुख सुतनि को, सिय-सुखद सकल सहाइ।/सूल राम-सनेह को तुलसी न जिय तें जाइ।।' इसमें प्रयुक्त 'सूल' शब्द की व्यंजना के बारे में कुछ भी कहना व्यर्थ है।

जैसा कि संकेत किया जा चुका है, गीतावली कवि की सृजनात्मक संवेदना की सृष्टि नहीं है, फिर भी उसके असफल पदों में बीच-बीच में ऐसी उक्तियाँ कौंध उठती हैं, जो उन्हें पूरा तो नहीं, पर स्थल-विशेष को चमका देती हैं। ऐसी कुछ उक्तियों को देखना उपयोगी होगा—

1. *वारहिं मुकुता-रतन राजमहिषी पुर-सुमुखि समान।*
   बगरे नगर निछावरि मनिगन जनु जुवारि-जव-धान।।

2. *किलकनि, नटनि, चलनि, चितवनि, भजि मिलनि मनोहर तैया।*
   मनि-खंभनि-प्रतिबिंब झलक, छबि छलकिहै भरि अँगनैया।।

3. *दुंदुभी बजाइ, गाइ, हरषि बरषि फूल,*
   सुरगन नाचैं नाच नायकहू नाक के।
   तुलसी महीस देखे दिन रजनीस जैसे,
   सूने परे सून-से मनो मिटाए आँक के।।

4. *मनहु बारिद-बिधु बीच ललित अति,*
   राजति तड़ित निज सहज बिछोही।।

5. *तुलसी-स्वामी-स्वामिनि जोहे मोहीहैं भामिनि,*
   सोभा-सुधा पिए करि अँखिया दोनी।।

6. *बर बिधान करत गान वारत धन-मान-प्रान*
   झरना झरत झिंग झिंग झिंग जलतरंगिनी।।

7. *सरित-सरनि सरसीरुह-संकुल, सदन सँवारि रमा जनु छाई।*

कूजत विहँग, मंजु गुंजत अलि, जात पथिक जनु लेत बुलाई।।

8. *तुलसी यों कहि चले भोर ही, लोग विकल सँग लागे।*
जनु बन जरत देखि दारुन दव निकसि विहँग-मृग भागे।।

9. *राम-सोक सनेह-संकुल, तनु बिकल, मनु लीन।*
टूटि तारो गगन-मग ज्यों होत छिन-छिन छीन।।

10. *निज कर खाल खैंचि या तनु तें जौ पितु पग पानही करावौं।*
होउँ न उरिन पिता दसरथ तें, कैसे ताके बचन मेटि पति पावौं।।

पहले उद्धरण में रामजन्म की खुशी में रानी और नगर की नारियों के समान भाव से मोती और रत्न आदि निछावर करने का वर्णन है। सारे नगर में वे मणिगण ज्वार, जौ और धान के दानों के समान बिखरे हुए हैं ! दूसरे उद्धरण में दशरथ के चारों शिशु किलकते, नाचते, चलते और दौड़कर आपस में मिलते हैं। यह मनोहर दृश्य मणियों के खंभों में प्रतिबिंबित होता है, तो लगता है कि पूरी अँगनाई को भरकर वह छवि छलकने लगेगी। तीसरे उद्धरण का संदर्भ राम द्वारा स्वयंवर-यज्ञ में शिव के धनुष को तोड़ना है। तत्पश्चात् देवराज इंद्र सहित सारे देवता तो दुंदुभि बजाकर हर्ष के मारे पुष्प-वर्षा करते हुए गाने और नाचने लगे, लेकिन आहूत राजा दिन के चंद्रमा की तरह निष्प्रभ हो गए, जैसे शून्य के बाएँ का अंक मिटा देने से वह अंक मात्र शून्य रह जाता है ! चौथा उद्धरण राम-वन-गमन से संबंधित है। रास्ते में ग्रामजन यह देखते हैं कि बादलों के समान श्यामवर्ण राम और चंद्रमा के समान गौरवर्ण लक्ष्मण के बीच अपना स्वभाव और अस्थिरता छोड़कर विद्युत-प्रभा चली जा रही है, जो कि सीता हैं ! रास्ते में ही उन्हें गाँव की स्त्रियाँ भी देखती हैं। पाँचवें उद्धरण में तुलसीदास कहते हैं कि स्वामी और स्वामिनी की सौंदर्य-सुधा का पान वे अपनी आँखों के दोने से करके मुग्ध हो रही हैं। छठे उद्धरण में चित्रकूट का वर्णन है। ऋषिगण अपना सर्वस्व निछावर करते हुए सामवेद का गान कर रहे हैं और नदियाँ अभी झरनों के रूप में सुंदर ध्वनि करते हुए झर रही हैं। इस उद्धरण में जो ध्वनि-चित्र है, उसकी सराहना कोई भी करेगा। सातवें उद्धरण का वर्ण्य भी चित्रकूट की शोभा ही है। नदी और

तड़ागों में कमल खिले हुए हैं, मानो लक्ष्मी अपने घर को सजाकर रहने लगी हों। पक्षी बोल रहे हैं और भौंरे गुंजन क्या कर रहे हैं, जाते हुए पथिक को अपने पास बुला रहे हैं ! इस उक्ति का सौंदर्य इसकी 'ग्राम्यता' में है, जिसके बिना कोई कवि अद्वितीय नहीं हो सकता। आठवें उद्धरण में भरत की चित्रकूट-यात्रा का प्रसंग है। भरत लोगों से यह कहकर कि राम के सम्मुख उपस्थित होने पर वे मुझे अवश्य शरण देंगे, सूर्योदय के पूर्व ही प्रयाण कर जाते हैं, फिर भी व्याकुल होकर अयोध्या के लोग उनके पीछे लग जाते हैं। यह दृश्य वैसा ही था, जैसे वन को दावाग्नि में जलते देखकर पक्षी और मृग उससे भाग खड़े होते हैं। नौवें उद्धरण में राम-वन-गमन के बाद दशरथ के क्रमशः गतप्राण होने का आख्यान है, जैसे आकाश से टूटा हुआ तारा आकाश-मार्ग में ही क्षण-प्रतिक्षण क्षीण होता जाता है। अंतिम उद्धरण में चित्रकूट में भरत द्वारा राम के अयोध्या लौट चलने के अनुरोध पर वे उनसे कहते हैं कि मैं अपने हाथ से अपनी खाल खींचकर पिता के लिए पनही बनवाऊँगा, तब भी उनसे उऋण न हो सकूँगा, फिर उनके वचन की अवहेलना कर मैं कैसे विश्वासभाजन हो सकता हूँ ?

कृष्णगीतावली (1601) के बारे में कहा जाता है कि इसकी रचना तुलसीदास ने तब की, जब वे काशी में कुछ दिन वल्लभ-कुल के गोस्वामियों के संपर्क में रहे थे। गीतावली की तरह ही यह काव्य भी अनुभूति की देन न होकर कवि की बौद्धिक सहानुभूति की देन है। इसका आकार गीतावली की तुलना में काफी छोटा है। स्वभावतः इसमें मुझे एक ही किंचित् हृदयस्पर्शी सवैया मिला, जिसमें कृष्ण के उलूखल-बंधन का वर्णन है। उन पर एक गोपिका को दया आती है और वह यशोदा से कहती है–

हा हा री महरि ! बारो, कहा रिस बस भई,
कोखि के जाए सों रोषु केतो बड़ो कियो है।
ढीली करि दाँवरी, बावरी ! साँवरेहि देखि,
सकुचि सहमि सिसु भारी भय भियो है।
दूध दधि माखन भो, लाखन गोधन धन

जब ते जनम हलधर हरि लियो है।
खायो, कै खवायौ, कै बिगार्यो, ढार्यो लरिका री,
ऐसे सुत पर कोह, कैसो तेरो हियो है ?
मुनि कहैं सुकृती न नंद जसुमति सम
न भयो, न भावी, नहीं विद्यमान बियो है।
कौन जानै कौनें तप, कौनें जोग जाग जप
कान्ह सो सुवन तोको महादेव दियो है।
इन्हही के आए ते बधाए ब्रज नित नए
नादत बाढ़त सब सब सुख जियो है।
नंदलाल बाल जस संत सुर सरबस
गाइ सो अमिय रस तुलसिहुँ पियो है।।

स्वभावतः गीतावली की तुलना में कृष्णगीतावली की रचनाओं में आनेवाली सुंदर पंक्तियाँ भी बहुत कम हैं। जो हैं, उनमें से कुछ नीचे उद्धृत हैं—

1. *तुलसी प्रभु निहारि जहाँ-तहाँ ब्रजनारि,*
ठगी ढाढ़ी मग लिएँ रीते भरे घट हैं।

2. *सत्य सनेह सील सोभा सुख सब गुन उदधि अपारि*
देख्यो सुन्यो न कबहुँ काहु कहुँ मीन बियोगी बारि।।

3. *परम चतुर निज दास स्याम के, संतत निकट रहत हौ।*
जल बूड़त अवलंब फेन कौ फिरि-फिरि कहा कहत हौ ?

4. *है निर्गुन सारी बारिक, बलि घरी करौं, हम जोही।*
तुलसी ये नागरिन्ह जोग पट, जिन्हहि आजु सब सोही।।

5. *आपु, कंज मकरंद सुधा ह्रद हृदय रहत नित बोरें।*
हम सों कहत बिरह स्रम जैहै गगन कूप खनि खोरें।।

6. *जननी जनक जरठ जाने, जन परिजन लोगु न छीजै।*
दै पठ्यो पहिलो बिढ़तो ब्रज, सादर सिर धरि लीजै।।

पहले उद्धरण में यमुना-तट पर कृष्ण के वंशी-वादन का दृश्य है, जिसे देखकर ब्रज की नारियाँ ठगी-सी रास्ते में खाली और भरे हुए घट लेकर खड़ी हैं। दूसरे उद्धरण में उद्धव के सम्मुख एक गोपिका अपनी सखी से कहती है कि कृष्ण सत्य, स्नेह, शील, शोभा, सुख आदि सभी गुणों के समुद्र हैं, लेकिन कभी किसी ने न यह देखा और न यह सुना है कि समुद्र भी उसमें रहनेवाली मछलियों के वियोग में व्याकुल हो जाता है ! तीसरे उद्धरण में एक गोपिका सीधे उद्धव से कहती है कि तुम तो परम चतुर हो और कृष्ण के खास सेवक हो, सो हमेशा उनके पास ही रहते हो, फिर जल में डूबते हुए को फेन का सहारा लेने के लिए, अर्थात् निर्गुण ब्रह्म की उपासना करने के लिए बार-बार क्यों कहते हो ? चौथे उद्धरण में भ्रमर के बहाने एक गोपिका उद्धव से कहती है कि निर्गुण की साड़ी बड़ी बारीक है। इसे हमने देख लिया है। तुम इसे तह लगाकर रख दो, क्योंकि यह नागरिकाओं के ही योग्य है, जिन्हें सब कुछ शोभा देता है। इसकी व्यंजना यह है कि कृष्ण उन नागरिकाओं के ही वशीभूत हैं। पाँचवाँ उद्धरण भी एक गोपिका का ही कथन है। वह भ्रमर यानी उद्धव की ओर संकेत करते हुए कहती है कि वह स्वयं तो हमेशा कमल के मकरंद के सुधा-सरोवर में अपने हृदय को डुबाए रहता है, पर हमसे कहता है कि आकाश में कुआँ खोदकर उसके जल से स्नान करने से विरहजनित कष्ट दूर हो जाएगा। आकाश में कुआँ खोदने का सीधा मतलब उस ब्रह्म की उपासना करना है, जो कि शून्य है। अंतिम उद्धरण में एक दूसरी गोपिका व्यंग्य से अपनी सखी से कहती है कि माता-पिता को बूढ़े जानकर तथा बंधु-बांधव विरह में क्षीण न हों, यह विचार कर कृष्ण ने अपनी पहली कमाई का यह धन ब्रज में भेजा है। इसे आदरपूर्वक सिर चढ़ाकर स्वीकार करना चाहिए।

दोहावली (1604-1623) में भी चार-पाँच दोहे ऐसे हैं, जो स्मृति में बस जाते हैं। एक दोहे में कवि ने कहा है कि राम का स्मरण करते, धर्मयुद्ध करते, किसी को कुछ देते और गुरु का चरण-स्पर्श करते समय जिनका शरीर रोमांचित नहीं होता, उनका जीवन व्यर्थ है—

रामहि सुमिरत रन भिरत देत परत गुरु पायँ।

तुलसी जिन्हहि न पुलक तनु ते जग जीवत जायँ।।

आगे के एक दोहे में उसने अपनी विलक्षण राम–भक्ति प्रदर्शित करते हुए यह कहा है कि जिन्हें अपने और अपने कुटुंबियों से अधिक सीता और राम प्रिय हैं, मैं अपने शरीर की चमड़ी से उनके पैरों की पनही बनाने को तैयार हूँ ! तुलसीदास के भीतर भी गृहस्थ–जीवन और संन्यास–जीवन के बीच एक द्वंद्व की स्थिति थी। उन्होंने दोनों छोरों के मध्य में स्थित रहकर राम से प्रेम करने का परामर्श दिया है–

घर कीन्हें घर जात है घर छाँड़े घर जाइ।
तुलसी घर बन बीच हीं राम प्रेम पुर छाइ।।

इसमें पहली पंक्ति में दूसरी बार आनेवाला 'घर' का अर्थ है परलोक। चातक को विषय बनाकर तुलसीदास ने अनेक दोहे लिखे हैं। उनमें से एक दोहा असाधारण है, जिसमें वे कहते हैं कि वधिक ने चातक को तीर मारा, तो वह गंगा के जल में गिरा, लेकिन उसने यह सोचकर कि उसके मुँह में उसका जल जाने से उसका व्रत भंग हो जाएगा, उलटकर अपनी चोंच ऊपर कर ली। इस तरह मरते वक्त भी उसके प्रेम–पट में खोंच नहीं लगी। काव्य भाषा के मर्मज्ञ 'खोंच' शब्द के सटीक प्रयोग पर नाच उठेंगे। वह इसलिए भी कि यह शब्द लोक–भाषा का है और परिनिष्ठित हिंदी में अभी तक स्वीकृत नहीं हुआ है। दोहा है–

बध्यो बधिक पर्‌यो पुन्यजल उलटि उठाई चोंच।
तुलसी चातक प्रेम पट मरतहुँ लगी न खोंच।।

तुलसीदास का काल जहाँगीर का काल था। इतिहासकारों के अनुसार केंद्र में शासन सुव्यवस्थित था, लेकिन दूर के सूबों में बड़ी अव्यवस्था थी। सूबेदार तरह–तरह से अपनी रिआया को सताते थे और जोर–जबर्दस्ती से उससे लगान वसूलते थे। दो दोहों में तुलसीदास की तत्संबंधी पीड़ा बोल उठी है–

1. *प्रभु तें प्रभुगन दुखद लखि प्रजहि सँभारै राउ।*

कर तें होत कृपान को कठिन घोर घन घाउ।।

2\. *पाके पकए बिटप दल उत्तम मध्यम नीच।*
फल नर लहैं नरेस त्यों करि बिचारि मन बीच।।

पहले दोहे का अर्थ यह है कि मालिक की अपेक्षा उसका परिचारक-वर्ग अधिक दुःखदायी होता है। हाथ की चोट की अपेक्षा हाथ में पकड़ी हुई तलवार की चोट बहुत ही कठिन और भयंकर होती है ! इसका विचार कर राजा को चाहिए कि वह स्वयं अपनी प्रजा की सँभाल करे। दूसरे दोहे का अर्थ : उत्तम वह है, जो वृक्षों के पके फल लेता है; मध्यम वह है, जो अधपके फल ही तोड़कर घर में पकाता है और अधम वह है, जो अधीर होकर पत्तों को ही नोच डालता है। इसी प्रकार उत्तम राजा को भी तभी कर वसूल करना चाहिए, जब फसल पक जाए। जो बिना फसल पके कर उगाहता है, वह मध्यम है और अकाल पड़ने पर भी पीड़ा पहुँचाकर किसान से कर ऐंठनेवाला राजा अधम है।

3

कवितावली और हनुमानबाहुक की रचनावधि वही है, जो बरवै रामायण और दोहावली की, यानी 1604-1623। कवितावली मानस और विनयपत्रिका के साथ तुलसीदास की तीसरी श्रेष्ठ और लोकप्रिय कृति है। इसके अनेकानेक छंद हिंदी क्षेत्र में गूँजे हैं और तुलसी-प्रेमियों के बीच आज भी गूँज रहे हैं। उनमें अत्यधिक परिपक्वता, सृजनात्मक कल्पनाशीलता और तज्जनित मन को मुग्ध कर देनेवाला सौंदर्य है। इसमें सवैया, कवित्त और छप्पय छंदों का प्रयोग हुआ है। छंद स्फुट हैं, जिन्हें एक क्रम से सजाकर राम-कथा का रूप देने की कोशिश की गई है, लेकिन इसके अरण्य और किष्किंधा कांडों में सिर्फ एक-एक छंद रखा गया है। उत्तरकांड सबसे बड़ा है, जिसमें कवि ने राम की कृपालुता के साथ अपने और अपने समय के बारे में काफी कुछ कहा है। पं. विश्वनाथ प्रसाद मिश्र का कहना है कि प्राचीनकाल में सवैया, कबित्त और छप्पय इन तीनों छंदों को 'कबित्त' ही कहा जाता था, जिसके कई प्रमाण मिलते हैं। इस स्थिति में अनुमान किया जा सकता है कि कवितावली

का मूल नाम 'कबित्तावली' रहा होगा।

ऐसा नहीं है कि कवितावली के छंदों में सिर्फ स्वाभाविकता ही है और उस पर कभी काव्य-कौशल हावी नहीं हुआ। उसके पहले ही सवैये को लिया जाए—

अवधेस के द्वारें सकारें गई सुत गोद कै भूपति लै निकसे।
अवलोकि हौं सोच बिमोचन को ठगि-सी रही, जे न ठगे धिक से।
तुलसी मन-रंजन रंजित-अंजन नैन सुखंजन-जातक-से।
सजनी ससि में समसील उभै नवनील सरोरुह-से बिकसे।।

काव्य-मर्मज्ञ स्वीकार करेंगे कि इसकी आरंभिक दो पंक्तियों में जो स्वाभाविकता है, वह इसकी अंतिम दो पंक्तियों में काव्य-कौशल की प्रधानता के कारण नहीं मिलती। आगे के एक छंद की अंतिम दो पंक्तियों में पुनः अभिव्यक्तिगत स्वाभाविकता के दर्शन होते हैं—

दमकैं दँतियाँ दुति दामिनि ज्यौं किलकैं कल बालबिनोद करैं।
अवधेस के बालक चारि सदा तुलसी-मन-मंदिर में बिहरैं।।

जब राम ने जनकपुर में धनुष-भंग किया, तो सीता की सखियाँ उनके गले में जयमाल डालने के लिए उन्हें लेकर चलीं। उस समय का अलौकिक दृश्य :

तुलसी मुदित मन जनकनगर-जन
झाँकतीं झरोखें लागीं सोभा रानीं पावतीं।
मनहुँ चकोरीं चारु बैठीं निज निज नीड
चंद की किरिन पीवैं पलकौं न लावतीं।।

यह जनक की रानियों का वर्णन है, जो झरोखों से लगी चकोरियों की तरह अपने नीड़ों में बैठकर निर्निमेष दृष्टि से चंद्र-किरण यानी राम के सौंदर्य का पान कर रही हैं। अब राम और सीता के विवाह का दृश्य, जो भी अलौकिक है :

राम को रूपु निहारति जानकी कंकन के नग की परछाहीं।

यातैं सबै सुधि भूलि गई कर टेकि रही पल टारत नाहीं।।

'कर टेकना' का अर्थ स्पष्ट करना जरूरी है। जिस कोण से कंकण के नग में राम प्रतिबिंबित हो रहे हैं, उसी कोण में सीता अपने हाथ को रखे हुए हैं। धनुष-भंग के बाद परशुराम वहाँ पहुँचे, तो लक्ष्मण उन्हें चिढ़ा-चिढ़ाकर उत्तर देने लगे। इस पर कुपित होकर वे विश्वामित्र से कहते हैं—

लघु आनन उत्तर देत बड़े लरिहै मरिहै करिहै कछु साको।
गोरो गरूर गुमान भर्यौ कहौ कौसिक छोटो-सो ढोटो है काको।।

मतलब यह कि यह छोटे मुँह बड़ी बात करता है। क्या यह लड़-मरकर कुछ नाम करेगा ? कौशिक, यह गोरा और घमंड-गुमान से भरा छोटा-सा लड़का किसका है ? ऐसी बात नहीं है कि ये पंक्तियाँ कलात्मक नहीं हैं, इनमें अनेक सानुप्रास पद हैं, लेकिन अपनी स्वाभाविकता में ये अनुपम हैं।

अब आप अयोध्याकांड का यह सीता और लक्ष्मण सहित राम के वन-गमन का वर्णन देखें, जो इस कांड का पहला ही सवैया है और जो भी हिंदी-क्षेत्र में बहुत गूँजा है। इसकी पहली पंक्ति में 'तजि' शब्द का अध्याहार करके लाला भगवानदीन ने उसका अन्वय इस प्रकार किया है : 'राम के अंगनि नृपचीर बिभूषन तजि यों उपमा पाइ ज्यौं कीर के अंगनि कागर तजि।' 'कागर' शब्द का अर्थ है पंख। अब आप वह सवैया देखें—

कीर के कागर ज्यों नृपचीर, बिभूषन उप्पम अंगनि पाई।
औध तजी मगबास के रूख ज्यों पंथ के साथी ज्यों लोग-लुगाई।
संग सुबंधु, पुनीत प्रिया, मनो धर्मु-क्रिया धरि देह सुहाई।
राजिवलोचन राम चले तजि बाप को राज बटाऊ की नाई।।

राम ने राजसी वस्त्रों और आभूषणों को वैसे त्याग दिया, जैसे वसंतऋतु में शुक खुशी से अपने पंख गिरा देते हैं। उन्होंने अयोध्या को वैसे छोड़ दिया, जैसे मार्ग के वृक्षों को और वहाँ से साथ लगे लोगों को, जैसे मार्ग के साथियों को। लक्ष्मण और सीता उनके साथ ऐसे लग रहे हैं, जैसे धर्म और क्रिया ने सुंदर शरीर धारण कर लिया हो। राजीवलोचन राम अपने पिता के राज्य को

छोड़कर बटोही की तरह वन के लिए चल पड़े। उसके बाद अयोध्या-कांड के केवट के पद-प्रक्षालन से संबंधित तीन सवैए लाजवाब हैं, जिनमें केवट का भक्ति-पूर्ण निवेदन और राम का सीता की ओर देखकर ठहाका लगाकर हँसना एक अविस्मरणीय प्रसंग है। वे सवैए क्रमशः निम्नलिखित हैं :

नाम अजामिल-से खल कोटि अपार नदीं भव बूड़त काढ़े।
जो सुमिरें गिरि मेरु सिलाकन होत, अजाखुर बारिधि बाढ़े।
तुलसी जेहिके पद पंकज तें प्रगटी तटिनी, जो हरै अघ गाढ़े।
ते प्रभु या सरिता तरिबे कहुँ मागत नाव करारें ह्वै ढाढ़े।।

एहि घाट तें थोरिक दूरि अहै कटि लौं जलु, थाह दिखाइहौं जू।
परसें पगधूरि तरै तरनी, घरनी घर क्यों समुझाइ हौं जू।
तुलसी अवलंबु न और कछू लरिका केहि भाँति जियाइ हौं जू।
बरु मारिए मोहि, बिना पग धोए हौं नाथ न नाव चढ़ाइ हौं जू।।

रावरे दोषु न पायन को, पगधूरि को भूरि प्रभाउ महा है।
पाहन तें बन-बाहनु काठ को कोमल है, जलु खाइ रहा है।
पावन पाय पखारिकै नाव चढ़ाइहौं, आयसु होत कहा है।
तुलसी सुनि केवट के बर बैन हँसे प्रभु जानकी ओर हहा है।।

तीसरे सवैए में जो मुहावरा है 'जल खाना'— जल में रहने से कमजोर हो जाना— वह 'खोंच' के जोड़ का लौकिक प्रयोग है, जो पूरे सवैए में मिट्टी के स्नेह से पूर्ण दिए की तरह जल रहा है।

राम के बारे में आपने अनेक छंद देखे, अब सीता के बारे में एक छंद देखें—

पुर तें निकसी रघबीरबधू, धरि धीर दए मग में डग द्वै।
झलकीं भरि भालकनीं जल की, पुट सूखि गए मधुराधर वै।
फिरि बूझति हैं, चलनो अब केतिक, पर्नकुटी करिहौं कित ह्वै ?
तिय की लखि आतुरता पिय की अँखियाँ अति चारु चली जल च्वै।।

सीता ने बहुत धैर्य के साथ राम का अनुगमन करते हुए वन के मार्ग में अपने

पैर बढ़ाए थे, लेकिन थोड़ी देर दूर चलने के बाद ही उनके पूरे ललाट पर पसीने की बूँदें झलमला उठीं और उनके अधर-पुट सूख गए। स्त्री-सुलभ सुकुमारता के कारण उन्होंने मुड़कर पूछा— अब और कितना चलना है और कहाँ चलकर पर्णकुटी बनाएँगे ? सीता की आतुरता देखकर राम की अत्यंत सुंदर आँखों से अश्रु चू पड़े। तुलसीदास ऋषि-मुनियों के प्रति गंभीर पूज्य-भाव रखते थे, लेकिन उनमें विनोद का तत्त्व भी भरपूर था, जिस कारण वे सर्वोपरि मनुष्य के कवि प्रतीत होते हैं। प्रमाणस्वरूप अयोध्याकांड का यह अंतिम छंद देखिए, जिसमें कवि खुद बिना हँसे पाठकों के भीतर हास्य की हिलोर उत्पन्न कर देता है,—

बिंधि के बासी उदासी तपी ब्रतधारी महा बिनु नारि दुखारे।
गौतमतीय तरी तुलसी, सो कथा सुनि भे मुनिबृंद सुखारे।
ह्वैहैं सिला सब चंद्रमुखीं परसें पद मंजुल कंज तिहारे।
कीन्हीं भली रघुनायकजू ! करुना करि कानन को पगु धारे।।

सुंदरकांड में हनुमान ने लंका पहुँचकर रावण के नंदनवन अशोक-वाटिका को उजाड़ दिया। उसके बाद उन्हें पकड़कर रावण के सामने लाया गया। फिर उसके आदेश से उनकी पूँछ में कपड़े लपटे जाने लगे। पूँछ बढ़ने लगी और जब उसमें लंका-भर के पुराने कपड़े लपेट दिए गए और उसमें आग लगा दी गई, तो लघुरूप धारण कर वे बंधन से निकल गए और जलती हुई विशाल पूँछ लिए अटारी पर चढ़ गए। उनकी उस पूँछ का वर्णन करते हुए एक कवित्त में तुलसीदास कहते हैं—

बालधी बिसाल बिकराल, ज्वालजाल मानो
लंक लीलिबे को काल रसना पसारी है।
कैधौं ब्योमबीथिका भरे हैं भूरि धूमकेतु,
बीररस बीर तरवारि सो उघारी है।
तुलसी सुरेस-चापु, कैधौं दामिनी-कलापु,
कैधौं चलि मेरु तें कृसानु-सरि भारी है।
देखें जातुधान-जातुधानी अकुलानी कहैं,

काननु उजार्‌यो अब नगर प्रजारिहै।।

यह बहुत ही भयावना वर्णन है, जिसको गद्य में लाएँ, तो वह इस प्रकार होगा। लेकिन उसके पहले हम 'बालधी' का अर्थ जान लें। वह है पूँछ। हनुमान की विशाल पूँछ जो विकराल आग की लपटों का समूह है, ऐसी है, जैसे काल ने लंका को निगलने के लिए जिह्वा फैलाई है, अथवा आकाशगंगा में बहुत-से धूमकेतु भर गए हैं, अथवा पराक्रमी वीररस ने म्यान से अपनी तलवार निकाल ली है, अथवा इंद्रधनुष उदित हुआ है या बिजलियों का समूह है, अथवा सुमेरु पर्वत से बड़ी भारी आग की नदी बह चली है। सब राक्षस-राक्षसी घबड़ाकर कहते हैं कि पहले इस वानर ने वाटिका उजाड़ी थी, अब नगर को भस्म कर देगा। इससे भी भयानक वर्णन लंका-दहन का है। गलियों में, बाजारों में, अटारियों में, घरों में, दरवाजों में, दीवारों में, सर्वत्र वानर ही वानर दृष्टिगोचर होते हैं। नीचे वानर, ऊपर वानर, इधर वानर, उधर भी वानर, मानो त्रिलोक ही वानरों से भर गया है। जो हनुमान को अति शीघ्रता से घूम-घूमकर आग लगाते देखकर डर के मारे आँखें बद कर लेते हैं, उनके ध्यान में भी वानर ही दिखलाई पड़ते हैं। पुनः भयभीत होकर आँखें खोलते हैं, तो सामने वानर खड़े होते हैं। वे जहाँ कहीं दौड़कर जाते हैं, वहाँ वानर के अतिरिक्त और कुछ भी दृष्टि में नहीं आता है। कोई-कोई कहता है कि तब मेरा कहना किसी ने नहीं माना। जिस-जिसको रोकता था, वही चिढ़ जाता था। अब अपनी करनी का फल भोगे। छंद है :

बीथिका-बजार प्रति, अटनि अगार प्रति,
पवरि पगार प्रति बानरु बिलोकिए।
अर्धऊर्ध बानरु बिदिसि-दिसि बानरु है,
मानो रह्यो है भरि बानरु तिलोकिए।
मूदैं आँखि हिय में, उघारें आँखि आगें ठाढ़ो,
धाइ जाइ जहाँ-तहाँ, और कोऊ को किए।
लेहु, अब लेहु, तब कोउ न सिखाबो मानो,
सोई सतराइ जाइ, जाहि-जाहि रोकिए।।

'पवरि' का अर्थ है देहली, 'पगार' का अर्थ प्राकार अथवा दीवार

'और कोऊ को किए' का अर्थ यह है कि कौन कह सकता है कि जिसे तुम सर्वत्र देखते हो, वह कोई अन्य व्यक्ति है, वानर नहीं। 'सतराना' का अर्थ है चिढ़ जाना। अंत में लंकाकांड का वह छंद, जिसमें राम का दूत बनकर गया अंगद रावण से कहता है–

कोसलराज के काज हौं आजु त्रिकूट उपारि, लै बारिधि बौरों।
महा भुजदंड द्वै अंडकटाह चपेटकीं चोट चटाक दै फोरौं।
आयसुभंग तें जौं न डरौं, सब मीजि सभासद श्रोणित घोरौं।
बालि को बालकु जौं, तुलसी दसहू मुख के रन में रद तोरौं।।

अर्थात् राम के कार्य के लिए आज मैं त्रिकूट पर्वत को, जिस पर लंका बसी हुई है, उखाड़कर समुद्र में डुबा सकता हूँ; लंका तो क्या, सारे ब्रह्मांड को अपने दोनों प्रचंड भुजदंडों की चपेट से दबाकर फोड़ दे सकता हूँ; यदि मैं आज्ञा-भंग से न डरता, तो तुम्हारे सब सभासदों को मसलकर लोहू में सान देता। मैं यदि बाली का पुत्र हूँ, तो रणभूमि में तुम्हारे दसों मुँह के दाँतों को तोड़ डालूँगा। लोंजाइनस ने लिखा है कि टुच्चे दिमाग में कभी बड़े खयाल नहीं आ सकते। निस्संदेह तुलसी के विराट् मानस की विराट् कल्पना से ही वीरता की यह बिंब-शृंखला संभव हुई है।

नागार्जुन के जीवन के आखिरी दौर की बात है। वे पटने में हिंदी साहित्य सम्मेलन के भवन के एक कक्ष में ठहरे हुए थे। उन्होंने मानस चतुश्शती के अवसर पर तुलसीदास पर एक लेख लिखा था, जिसमें कहा था कि हिंदी-क्षेत्र के पिछड़ेपन का कारण रामचरितमानस है। उन्होंने सुझाव दिया था कि इस वर्ष मानस का एक संपादित संस्करण प्रकाशित किया जाए, जिसमें शूद्र और स्त्री-संबंधी कटूक्तियों को निकाल दिया जाए। उन्हीं नागार्जुन के बिस्तर पर रखी हुई मैंने कवितावली की प्रति देखी, तो उनसे पूछा– 'बाबा, आपको कवितावली पसंद है क्या?' उन्होंने उत्तर दिया कि उसके उत्तरकांड में तुलसीदास ने अपने बारे में जो कहा है, वह मुझे पसंद है। बाद में उन्होंने उन पर मैथिली में अपनी यह अंतिम कविता लिखी : 'तुलसी बाबा साथ रहइँ त'/पार करब कविता बइतरनी/तुलसी बाबा साथ रहइँ त'/नहि बिसरब हम/शब्द-सुमिरनी!' ज्ञातव्य है कि उत्तरकांड इस कृति का आधा

भाग छेंकता है, यानी इसमें वह सबसे बड़ा कांड है। लेकिन कुछ दूर तक राम की महिमा का गान करने के बाद कवि ने विस्तार से अपने बारे में बतलाया है, फिर अपने समय यानी कलियुग के बारे में, और काशी में फैली महामारी तथा अपनी बीमारियों के बारे में। पहले हम उनकी आत्माभिव्यक्ति को ही देखें। वे एक निर्धन ब्राह्मण-कुल में उत्पन्न हुए थे। उन्हें बचपन में ही माता-पिता ने त्याग दिया था। स्वभावतः वे कुत्ते के मुँह के टुकड़े के लिए भी तरसते थे। अंत में एक बार जब उन्होंने राम को अपना पेट दिखलाकर उनसे निवेदन किया, तो उन्होंने उनकी स्थिति सुधारने में कोई कोर-कसर नहीं रखी। कहा जाता है कि वे किसी हनुमान मंदिर से संबंद्ध हो गए और उस मंदिर के साथ लगी हुई दुकानों से मिलनेवाली दया की भीख पर अपना निर्वाह करने लगे। स्वभावतः एक सवैए में वे कहते हैं—

मातु-पिताँ जग जाइ तज्यो, बिधिहूँ न लिखी कछु भाल भलाई।
नीच, निरादरभाजन, कादर, कूकर-टूकन लागि ललाई।
रामु-सुभाउ सुन्यो तुलसीं प्रभु सों कह्यो बारक पेटु खलाई।
स्वारथ को परमारथ को रघुनाथु सो साहेबु, खोरि न लाई।।

इसके बाद एक कवित्त में भी उन्होंने प्रायः यही बात दुहराई है—

राग को न साजु, न बिरागु, जोग, जाग जियँ,
काया नहि छाड़ी देत ठाटिबो कुठाट को।
मनोराजु करत अकाजु भयो आजु लगि,
चाहै चारु चीर, पै लहे न टूकु टाट को।
भयो करतारु बड़े कूर को कृपालु, पायो
नामप्रेम-पारसु, हौं लालची बराट को।
तुलसी बनी है राम ! रावरें बनाएँ, ना तो
धोबी-कैसो कूकरु, न घर को, न घाट को।।

मेरे पास न तो सांसारिक सुख-भोग की सामग्री है, न मेरे हृदय में वैराग्य, योग या यज्ञ ही है। फिर भी यह शरीर कुचाल चलना नहीं छोड़ता। मन की बातें मानने से आज तक हानि ही होती रही है। यह चाहता तो अच्छे-अच्छे वस्त्र है,

लेकिन इसे मिलता टाट का टुकड़ा भी नहीं है। हे जगत्कर्ता, आप मुझ–जैसे कुटिल पर भी कृपालु हुए, मुझ कौड़ी के लालची ने भगवन्नाम का प्रेम–पारस पाया। आप न होते, तो मैं धोबी के कुत्ते के समान न घर का था, न घाट का। ऐसा लगता है कि वे राम से उपकृत होने के बाद भी उनकी पूजा–अर्चना नहीं करते थे। यह उनके एक दूसरे कवित्त से स्पष्ट होता है–

जाति के, सुजाति के, कुजाति के पेटागि बस
खाए टूक सबके, बिदित बात दुनीं सो।
मानस–बचन–कायँ किए पाप सतिभायँ,
राम को कहाइ दासु दगाबाज पुनी सो।
रामनाम को प्रभाउ, पाउ महिमा, प्रतापु,
तुलसी–सो जग मनिअत महामुनी–सो।
अति हीं अभागो, अनुरागत न रामपद,
मूढ़ ! एतो बड़ो अचिरिजु देखि–सुनी सो।।

पहले तुलसीदास द्वारा प्रयुक्त 'साहिब' और 'गरीब नेवाज'–जैसे अरबी–फारसी शब्दों को हम देख चुके हैं, यहाँ 'दुनीं' (दुनिया) और 'दगाबाज'–जैसे क्रमशः अरबी और फारसी शब्दों का प्रयोग देखें। कहने की जरूरत नहीं कि हिंदी में ऐसा निर्मम आत्म–निरीक्षण विरल है।

तुलसीदास का कहना जारी रहता है–

जायो कुल मंगन, बधावनो बजायो, सुनि
भयो परितापु पापु जननि–जनक को।
बारे तें ललात–बिललात द्वार–द्वार दीन,
जानत हो चारि फल चारि ही चनक को।
तुलसी सो साहेब समर्थ को सुसेवकु है,
सुनत सिहात सोचु बिधि हू गनक को।
नामु राम ! रावरो सयानो किधौं बावरो,
जो करत गिरी तें गरु तृन तें तनक को।।

इस कवित्त में 'मंगन' का अर्थ है भिक्षाटन करनेवाला, 'बारे तें' का अर्थ है बाल्यावस्था से ही, 'चनक' का अर्थ है चना और 'गनक' का अर्थ है ज्योतिषी। एक अन्य सवैए में वे पुनः कठोर आत्म-परीक्षण करते हुए कहते हैं–

जीव जहान में जायो जहाँ, सो तहाँ तुलसी तिहुँ दाह दहो है।
दोसु न काहू, कियो अपनो, सपनेहूँ नहीं सुखलेसु लहो है।
राम के नाम तें होउ सो होउ, न सोउ हिएँ, रसना हीं कहो है।
कियो न कछू, करिबो न कछू, कहिबो न कछू, मरिबोइ रहो है।।

इसमें तुलसीदास अपने अपार कष्ट के लिए अपने को ही जिम्मेवार ठहराते हैं। साथ-साथ यह भी कहते हैं कि राम के नाम के प्रभाव से जो होना हो सो हो, मैं तो ऐसा हूँ कि वह नाम भी हृदय से नहीं, सिर्फ जिह्वा से लेता हूँ। मैंने आज तक तो न कुछ किया है, न कुछ करना है और न कुछ कहना ही है। अब तो सिर्फ मरना ही बाकी है। हिंदी में कबीरदास का अक्खड़पन बहुत प्रसिद्ध है, लेकिन तुलसीदास भी कम अक्खड़ नहीं थे। इसको हम आगे देखेंगे, यहाँ उनका सिर्फ कलियुग को ललकारना देखें। एक सवैए में वे कहते हैं–

भागीरथीजलु पान करौं, अरु नाम द्वै राम के लेत नितै हौं।
मोको न लेनो, न देनो कछू, कलि ! भूलि न रावरी ओर चितै हौं।
जानि कै जोरु करौ, परिनाम तुम्है पछितैहौ, पै मैं न भितैहौं।
ब्राह्मण ज्यों उगिल्यो उरगारि, हौं त्यों हीं तिहारें हिएँ न हितैहौं।

मैं गंगाजल पीता हूँ और नित्य राम के दो नाम लेता हूँ। ऐ कलि ! मुझे तुमसे कुछ भी लेना-देना नहीं है और मैं भूलकर भी तुम्हारी ओर नहीं देखूँगा। यदि तुम जान-बूझकर मेरे साथ जोर-जुल्म करोगे, तो परिणाम में तुम्हीं पछताओगे। मैं तुमसे डरनेवाला नहीं हूँ। एक बार गरुड़ ने एक ब्राह्मण को निगल लिया था, लेकिन उससे उसे इतना दाह महसूस हुआ कि उसे उगल देना पड़ा। उसी तरह मैं भी तुम्हारे पेट में नहीं पचूँगा। उनके अक्खड़पन वा ऐंड़पन से संबंधित छंद भी कई हैं। एक कवित्त में वे कहते हैं–

रावरो कहावौं, गुनु गावौं राम ! रावरोई,

रोटी द्वै हौं पावौं राम ! रावरी हीं कानि हौं।

जानत जहानु, मन मेरे हूँ गुमानु बड़ो,

मान्यो मैं न दूसरो, न मानत, न मानिहौं।

पाँच की प्रतीति न भरोसो मोहि आपनोई,

तुम्ह अपनायो हौं तबै हीं परि जानिहौं।

गढ़ि-गुड़ि, छोलि-छीलि कुंद की-सी भाईं बातैं

जैसी मुख कहौं, तैसी जीयँ जब आनिहौं।।

हे राम, मैं आपका कहलाता हूँ और आपका ही गुण गाता हूँ। आपके ही लिहाज से मुझे दो रोटियाँ मिल जाती हैं। संसार जानता है और मेरे मन में भी बड़ा अभिमान है कि मैंने दूसरे को न माना, न मानता हूँ और न मानूँगा। मुझे न पंचों का विश्वास है, न अपना ही भरोसा। मैं गढ़-गुढ़कर और छील-छाल-कर चिकनी-चुपड़ी बातें बनाता हूँ। इसी अवस्था में जब आपको हृदय में ले आऊँगा, तब समझूँगा कि आपने मुझे अपनाया। इसमें 'जहानु' और 'गुमानु' दोनों क्रमशः फारसी के 'जहान' और 'गुमान' हैं, यह भी ध्यातव्य है।

तुलसीदास का सिर राम के अलावा और किसी के आगे झुकने को तैयान न था। एक कवित्त में वे अपने स्वभाव के बारे में बतलाते हैं—

जाप की न तप-खपु कियो, न तमाइ जोग,

जाग न बिराग, त्याग, तीरथ न तनको।

भाई को भरोसो न खरो-सो बैरु बैरीहूँ सों,

बलु अपनो न, हितू जननी न जनको।

लोक को न डरु, परलोक को न सोचु, देव-

सेवा न सहाय, गर्बु धाम को न धन को।

राम ही के नाम तें जो होइ सोइ नीको लागै,

ऐसो ई सुभाउ कछु तुलसी के मन को।।

इसमें 'तमाइ' अरबी का 'तमअ' है, जिसका अर्थ है लालच। 'खरो-सो बैरु' का मतलब है अच्छी तरह किया गया वैर। बाकी सारी पंक्तियों का अर्थ

आईने की तरह साफ है। एक कवित्त में वे कहते हैं :

मोह-मद मात्यो, रात्यो कुमति-कुनारि सों,
बिसारि बेद-लोक-लाज, आँकरो अचेत है।
भावै सो करत, मुहँ आवै सो कहत, कछु
काहू की सहत नाहिं, सरकस हेतु है।
तुलसी अधिक अधमाई हू अजामिल तें
ताहू में सहाय कलि कपटनिकेतु है।
जैबे को अनेक टेक, एक टेक ह्वैबे की, जो
पेट-प्रियपूत हित रामनाम लेतु है।।

इसमें 'आँकरो' का मतलब है 'गहरा', 'सरकस' का मतलब है 'उद्दंडता', 'जैबे को' का मतलब है नष्ट होने को और 'पेट-प्रियपूत' का मतलब है पेटरूपी प्रिय पुत्र। यह भी तुलसीदास का निर्दय आत्म-विश्लेषण है, यद्यपि उनके ऐंड़पन का भी सूचक है। अजामिल वेश्याओं में आसक्त रहता था और उसे जो अच्छा लगता था, वही करता था। उनका निम्नलिखित सवैया बहुत प्रसिद्ध है, जिसमें वे पूरी दुनिया को अँगूठा दिखलाते हैं—

धूत कहौ, अवधूत कहौ, रजपूतु कहौ, जोलहा कहौ कोऊ।
काहू की बेटी सों, बेटा न ब्याहब, काहू की जाति बिगार न सोऊ।
तुलसी सरनाम गुलामु है राम को, जाको रुचै सो कहै कछु ओऊ।
माँगि कै खैबो, मसीत को सोइबो, लैबे को एकु न दैबे को दोऊ।।

'धूत' संस्कृत का 'धूर्त' है और 'सरनाम' (प्रसिद्ध) फारसी का शब्द है। 'मसीत' अरबी का 'मस्जिद' है। अमृतलाल नागर ने लिखा है कि तुलसीदास अयोध्या में मस्जिद में ही सोया करते थे, यानी बाबरी मस्जिद में, जिसे ही हिंदुत्वादियों ने ढहा डाला। लेकिन वे तुलसीदास का कुछ भी न बिगाड़ सके। उन्होंने ठीक ही कहा था कि उनको यदि कलियुग ने निगल लिया, तो उसे उन्हें उगल देना पड़ेगा, वर्ना उसकी छाती जलकर भस्म हो जाएगी। एक कवित्त में अपना परिचय देते हुए वे पूरी धीरता से कहते हैं—

कोउ कहै, करत कुसाज, दगाबाज बड़ो,

कोऊ कहै, राम को गुलाम खरो खूब है।
साधु जानैं महासाधु, खल जानैं महाखल,
बानी झूँठी-साँची कोटि उठत हबूब है।
चहत न काहूसों न कहत काहू की कछू,
सबकी सहत उर अंतर न ऊब है।
तुलसी को भलो पोच हाथ रघुनाथ ही के
राम की भगति-भूमि मेरी मति दूब है।।

इसमें एक बहुत ही जोरदार शब्द 'हबूब' है, जो अरबी का शब्द है और जिसका अर्थ है धूल मिला हुआ झक्कड़। अंतिम पंक्तियों में आनेवाला शब्द 'पोच' तुलसीदास का प्रिय शब्द है, जो फारसी का शब्द है और जिसके कई अर्थ हैं, जैसे नीच, व्यर्थ आदि। उन्होंने यहाँ 'भलो पोच' का प्रयोग किया है, जिसका अर्थ होगा भला-बुरा। अंतिम पंक्ति में उनकी राम-भक्ति-जनित विभोरता देखने लायक है।

एक कवित्त में उन्होंने अपने सुख का आख्यान किया है। वह भी द्रष्टव्य है-

जागैं जोगी-जंगम, जती-ज़माती ध्यान धरैं,
डरैं उर भारी लोभ, मोह, कोह, काम के।
जागैं राजा राजकाज, सेवक-समाज, साज,
सोचैं सुनि समाचार बड़े बैरी बाम के।
जागैं बुध विद्या हित पंडित चकित चित
जागैं लोभी लालच धरनि, धन, धाम के।
जागैं भोगी भोग हीं, बियोगी, रोगी सोगबस,
सोवै सुख तुलसी भरोसे एक राम के।।

जैसे-जैसे तुलसीदास की लोकप्रियता बढ़ती गई, खास तौर से मानस की रचना के बाद, और उन्हें 'महामुनी' अर्थात् वाल्मीकि का अवतार कहा जाने लगा, रूढ़िवादी ब्राह्मण उनके विरोधी होते गए। शोधकर्ता विद्वानों के अनुसार उन्होंने उन्हें शारीरिक रूप से भी प्रताड़ित किया। इसी से परेशान होकर वे

अपने आराध्य राम से कहते हैं—

नाम महाराज के निबाह नीको कीजै उर
सब ही सोहात, मैं न लोगनि सोहात हौं।
कीजै राम ! बार यहि मेरी ओर चष-कोर
ताहि लगि रंक ज्यों सनेह को ललात हौं।
तुलसी बिलोकि कलिकाल की करालता
कृपाल को सुभाउ समुझत सकुचात हौं।
लोक एक भाँति को, त्रिलोकनाथ लोकबस
आपनो न सोचु, स्वामी-सोच हीं सुखात हौं।।

यह कवित्त इस दृष्टि से महत्त्वपूर्ण है कि इसमें तुलसीदास का राम के प्रति भी आलोचनात्मक रुख प्रकट हुआ है। कहते हैं, राम के नाम के साथ निर्वाह करनेवाला सबको अच्छा लगता है, पर मैं लोगों को नहीं सुहाता। हे राम, इस बार आप मुझे अपना कृपा-कटाक्ष प्रदान करें, जिसके लिए मैं उस प्रकार लालायित हूँ, जिस प्रकार निर्धन पकवानों के लिए लालायित रहता है। मैं कलिकाल की करालता और अपने प्रभु के स्वभाव को जानकर सकुचाता हूँ। इस समय संपूर्ण लोक मेरी निंदा कर रहा है और आप त्रिलोकीनाथ होकर भी लोक के अधीन हैं। मुझे अपनी चिंता नहीं है, मैं तो अपने स्वामी के सोच में ही सूखा जाता हूँ कि वे भी कलियुग में अपना स्वभाव छोड़कर करुणारहित हो गए। तुलसीदास से सिर्फ ब्राह्मण ही नहीं, शिव-भक्त भी नाराज थे, क्योंकि विश्वनाथ मंदिर उनमें से बहुतों का जीविका का आधार था और वे जोर-शोर से राम-भक्ति का प्रचार कर रहे थे। स्वभावतः शिव को गुहराते हुए तुलसीदास ने अनेक मूल्यवान् छंद बनाए, जिनमें ये तीन नीचे उद्धृत हैं—

1. *देवसरि सेवौं बामदेव गाउँ रावरे हीं*
नाम राम ही के मागि उदर भरत हौं।
दीबे जोग तुलसी न लेत काहू को कछुक,
लिखी न भलाई भाल, पोच न करत हौं।
एते पर हूँ जो कोऊ रावरो ह्वै जोर करै,

ताको जोर, देव ! दीन द्वारें गुदरत हौं।
पाइकै उराहनो उराहनो न दीजौ मोहि,
कालकला कासीनाथ कहें निबरत हौं।।

अर्थात् हे शिव, मैं आपकी ही पुरी में रहकर गंगा-सेवन करता हूँ तथा राम के नाम पर टुकड़े माँगकर पेट भरता हूँ। मैं न किसी को कुछ देने योग्य हूँ, न मुझे किसी से कुछ लेना ही है। भलाई तो मेरे भाग्य में ही नहीं लिखी, पर मैं कोई बुरा काम भी नहीं करता। इस पर भी यदि कोई व्यक्ति आपका भक्त कहलाकर मेरे साथ बल-प्रयोग करता है, तो दीन भाव से आपके द्वार पर निवेदन करके रह जाता हूँ। हे काशीनाथ, राम से उलाहना पाकर मुझे उलाहना मत देना कि मैंने तुम्हें अपने कष्ट की सूचना क्यों नहीं दी ? इस कारण मैं आपसे सिर्फ काल की करतूत बयान कर छुट्टी ले लेना चाहता हूँ।

2. *चेरो रामराइ को, सुजस सुनि तेरो, हर !*
पाइ तर आइ रह्यो सुरसरितीर हौं।
बामदेव ! राम को सुभाव-सील जानियत
नातो नेह जानियत रघुवीर भीर हौं।
अधिभूत बेदन बिषम होत, भूतनाथ !
तुलसी बिकल, पाहि ! पचत कुपीर हौं।
मारिये तौ अनायास कासीबास खास फल,
ज्याइये तौ कृपा करि निरुजसरीर हौं।।

इसमें तुलसीदास कहते हैं कि हे शिव, मैं राम का दास हूँ, आपका सुयश सुनकर आपके चरणों में गंगा-तट पर आ बसा हूँ। आप राम के शील-स्वभाव और उनसे हमारा संबंध तो जानते ही हैं, मैं उन्हीं से डरता हूँ। मेरे इस शरीर में बहुत पीड़ा हो रही है, उससे मैं बहुत व्याकुल हूँ। इस कुत्सित पीड़ा से मैं घुला जाता हूँ, आप रक्षा कीजिए। यदि आप मुझे मार दें, तो अप्रयास मुझे मुक्ति प्राप्त हो जाए और जिलाना चाहें, तो कृपा करके मेरा शरीर नीरोग कर दीजिए। इस से पता चलता है कि यह छंद उनकी वृद्धावस्था में रचित है, जब उन पर रोगों का आक्रमण शुरू हो गया था। पहले बाहु-पीड़ा हुई, जो धीरे-

धीरे सारे शरीर में फैल गई। अनुमानतः यह वात-व्याधि थी। उसके बाद उन्हें बलतोड़ हुआ, जिससे सारे शरीर में फफोले निकल आए और उनसे लगातार पीव बहने लगा। बलतोड़ कभी ऐसा रूप नहीं ले सकता है, इसलिए यह कोई भिन्न रोग था, जिससे ही इस महाकवि की मृत्यु हुई। डा. माताप्रसाद गुप्त ने लिखा है कि काशी में प्लेग 1616 और 1623 के बीच आया था। 1623 में तुलसीदास ने महाप्रयाण किया, जिससे वे अनुमान लगाते हैं कि वे प्लेग के ही शिकार हुए। निराला ने अपने लघु उपन्यास 'कुल्लीभाट' के आरंभ में ही यह कहते हुए उनके रोग की ओर संकेत किया है कि वे भी पुरुष ही थे, महापुरुष नहीं। इसका डा. रामविलास शर्मा ने बहुत बुरा माना है और लिखा है कि ऐसा कहते समय निराला को अपनी बीमारी याद आ गई थी !

3. *जीबे की न लालसा, दयाल महादेव ! मोहि,*
मालुम है तोहि, मरिबेई को रहतु हौं।
कामरिपु ! रामके गुलामनि को कामतरु !
अवलंब जगदंब सहित चहतु हौं।
रोग भयो भूत-सो, कुसूत भयो तुलसी को,
भूतनाथ, पाहि ! पदपंकज गहतु हौं।
ज्याइये तो जानकीरमन-जन जानि जियँ
मारिये तो मागी मीचु सूधियै कहतु हौं।।

इस कवित्त में तुलसीदास फिर कहते हैं, हे शिव, मुझे जीने की इच्छा नहीं है, आप जानते ही हैं कि मैं काशी में मरने के लिए ही रहता हूँ। आप राम के दासों के लिए कल्पवृक्ष के समान हैं। मैं जगन्माता पार्वती सहित आपका आश्रय चाहता हूँ। यह रोग भूत की तरह मेरे पीछे लग गया है, जिस कारण मुझे बहुत कष्ट हो रहा है। आप रक्षा कीजिए, मैं आपके पाँव पड़ता हूँ। यदि मुझे जिलाना है, तो राम का दास बनाकर जिलाइए और यदि मारना है, तो आपसे साफ-साफ कहता हूँ, मुझे मुँहमाँगी मौत दीजिए। इससे इस महाकवि के कष्ट की कल्पना की जा सकती है। ऐसा लगता है कि यह हिंदी में महान् साहित्य रचनेवालों की परंपरा रही है। आधुनिक काल में आचार्य रामचंद्र

शुक्ल दमे के साथ अन्य कई रोगों की पीड़ा झेलते हुए 'रसमीमांसा' और 'सूरदास' नामक अपनी पुस्तक लिख रहे थे, जो स्वभावतः पूरी न हो सकी। प्रसाद ने क्षय-रोग से लड़ते हुए 'कामायनी' पूरी की थी और दिनकर ने अपनी कालजयी कृति 'उर्वशी' को बार-बार मूर्च्छाग्रस्त होते हुए समापन तक पहुँचाया था।

कई छंदों में तुलसीदास ने अपने बदले युग की भयावहता का चित्रण किया है। ये छंद अवश्य द्रष्टव्य हैं—

1. *जाहिर जहान में जमानो एक भाँति भयो*
बेंचिए बिबुधधेनु, रासभी बेसाहिए।
ऐसेऊ कराल कलिकाल में कृपाल ! तेरे
नाम कें प्रताप न त्रिताप तन दाहिए।
तुलसी तिहारो मन-बचन-करम, तेंहि
नातें नेह-नेमु निज ओर तें निबाहिए।
रंक के नेवाज रघुराज ! राजा राजनि के,
उमरि दराज महाराज तेरी चाहिए।।

यह ऐसा युग है कि लोग कामधेनु को बेचकर गधी खरीद रहे हैं। हे राम, ऐसे भयंकर युग में भी आपके नाम के प्रताप से त्रिताप से शरीर दग्ध नहीं होता। मैं मन-वचन-कर्म से आप का भक्त हूँ। अपनी ओर से भी स्नेह का नियम निभाइए। आपकी उमर दराज हो। पाठक अंतिम वाक्य को देखकर चौंकेंगे, क्योंकि यह म्लेच्छ-भाषा में हिंदुत्व के प्रतीक राम को कहा जा रहा है। कहने की आवश्यकता नहीं कि 'उम्र' अरबी शब्द है और 'दराज' (लंबी) फारसी।

2. *दिन-दिन दूनो देखि दारिदु, दुकालु, दुखु,*
दुरितु, दुराजु, सुख-सुकृत सकोच है।
मागें पैंत पावत पचारि पातकी प्रचंड,
काल की करालता, भले को होत पोच है।
आपनें तौ एकु अवलंबु अंब डिंभ ज्यों
समर्थ सीतानाथ सब संकट बिमोच है।

तुलसी की साहसी सराहिए कृपाल राम !
नाम कें भरोसें परिनाम को निसोच है।।

कहा जा चुका है कि यह जहाँगीर का शासनकाल था, जिसमें दिल्ली में तो सुशासन था, लेकिन दूर-दराज के सूबे कुशासन के शिकार थे। दिन-प्रतिदिन बढ़ती दरिद्रता, दुर्भिक्ष, दुख आदि को देखकर सुख और पुण्य सकुचा रहे थे। बड़े-बड़े पापी तो डाँट-डपटकर अपना दाँव पा लेते थे, लेकिन भले आदमियों का बुरा हाल था। हे राम, बच्चे का एकमात्र सहारा उसकी माँ होती है। वैसे ही मुझे सभी कष्टों से छुड़ानेवाले आप हैं। तुलसीदास कहते हैं कि तुलसी के साहस की सराहना कीजिए कि वह आपके नाम के भरोसे परिणाम की ओर से निश्चिंत है। इसमें ध्यान देने लायक उक्ति 'मागें पैंत (दाँव) पावत पचारि पातकी प्रचंड' है। यह स्थिति, जिसमें राजनीति ने प्राय: सारे समाज को अपराधीकृत कर दिया है, आज की स्थिति से कितनी मिलती है ! अब आप तुलसीदास का वह छंद देखें, जिसमें उन्होंने अपने युग का 'एक्स-रे' प्रस्तुत किया है—

3. किसबी, किसान-कुल, बनिक, भिखारी, भाट,
चाकर, चपल नट, चोर, चार, चेटकी।
पेटको पढ़त, गुन गढ़त, चढ़त गिरि,
अटत गहन-गन अहन अखेट की।
ऊँचे-नीचे करम, धरम-अधरम करि,
पेट ही को पचत, बेचत बेटा-बेटकी।
तुलसी बुझाइ एक राम घनस्याम ही तें,
आगि बड़वागि तें बड़ी है आगि पेट की।।

श्रमजीवी, किसान, व्यापारी, भिखारी, भाट, सेवक, चंचल नट, चोर, दूत और बाजीगर, सब पेट के लिए ही सारा कर्म करते हैं। 'अहन' शब्द का अर्थ है दिन-दिनभर। पेट के लिए ऊँचे-नीचे कर्म ही नहीं करते, अपनी संतान तक को बेच देते हैं। तुलसीदास कहते हैं कि जठराग्नि बड़वाग्नि से भी भयानक होती है। वह अग्नि राम के बुझाए ही बुझ सकती है, क्योंकि वे

'घनस्याम' हैं। तुलसीदास के परंपरावादी विद्वान् उनके ऐसे छंदों को कलियुग-वर्णन कहकर धर्म के खाते में डाल देते हैं, जबकि यह तत्कालीन शासन में जनता की सामाजिक और आर्थिक दुर्दशा का वर्णन है। अब आप वह छंद भी देखें, जो प्रगतिशील आलोचकों को सर्वाधिक प्रिय रहा है। आज से पाँच-छः दशक पूर्व एक आलोचक ने प्रगतिशील आलोचकों पर आक्षेप करते हुए लिखा था कि उन्हें संपूर्ण तुलसी-काव्य में यही आठ पंक्तियाँ काम की मिली हैं ! आक्षेप सही था, लेकिन इन पंक्तियों का महत्त्व आज भी वही है, जो उनके रचना-काल में था। उक्त छंद है—

4. *खेती न किसान को, भिखारी को न भीख, बलि,*
बनिक को बनिज, न चाकर को चाकरी।
जीविका बिहीन लोग सीद्यमान सोचबस,
कहैं एक एकन सों 'कहाँ जाई, का करी !'
बेदहूँ पुरान कही, लोकहूँ बिलोकिअत,
साँकरे सबै पै, राम ! रावरें कृपा करी।
दारिद-दसानन दबाई दुनी, दीनबंधु !
दुरित-दहन देखि तुलसी हहा करी।

इस छंद की सार-वस्तु भी वही है, जो उपर्युक्त छंद की। 'बलि' शब्द का अर्थ है 'मैं आपकी बलि जाता हूँ' और 'सीद्यमान' का दुःख। 'साँकरे' 'संकट में' की व्यंजना करता है। अंतिम पंक्तियों का अर्थ यह है कि दारिद्रयरूपी रावण ने दुनिया को ग्रस लिया है। हे दीनबंधु, पाप-रूपी ज्वाला को भड़कते देखकर मैं हाहाकार कर रहा हूँ। एक छंद और, जिसमें काशी में फैली महामारी का वर्णन है,—

5. *संकर-सहर सर, नरनारि बारिचर*
बिकल, सकल, महामारी माजा भई है।
उछरत उतरात हहरात मरि जात,
भभरि भगात जल-थल मीचुमई है।
देव न दयाल, महिपाल न कृपालचित,
बारानसीं बाढ़ति अनीति नित नई है।

पाहि रघुराज ! पाहि कपिराज रामदूत !
रामहू की बिगरी तुहीं सुधारि लई है।

इसमें 'माजा' शब्द का अर्थ है— प्रथम वर्षा के जल का फेन, जिसके खाने से मछलियों में रोग फैल जाता है। अंतिम पंक्तियों में तुलसीदास ने हनुमान से प्रार्थना की है कि राम की बात बिगड़ने पर भी आपने ही उसे बनाया था। तात्पर्य यह कि यहाँ भी आप ही कृपा कीजिए।

हनुमानबाहुक की रचना तुलसीदास ने बाहु-पीड़ा से छुटकारा पाने के लिए हनुमान की स्तुति में की थी। इसके भी दो छंद देखने योग्य हैं, क्योंकि उनमें तुलसीदास की पीड़ा के पूरे शरीर में फैल जाने का वर्णन है। वे दो छंद हैं—

1. *पायँपीर पेटपीर बाँहपीर मुँहपीर*
जरजर सकल सरीर पीरमई है।
देव भूत पितर करम खल काल ग्रह,
मोहि पर दवरि दमानक सी दई है।
हौं तो बिन मोल के बिकानो बलि बारे ही तें,
ओट रामनाम की ललाट लिखि लई है।
कुंभज के किंकर बिकल बूड़े गोखुरनि,
हाय रामराय ऐसी हाल कहूँ भई है।

2. *असन-बसन-हीन बिषम-बिषाद-लीन,*
देखि दीन दूबरो करै न हाय-हाय को।
तुलसी अनाथ सो सनाथ रघुनाथ कियो,
दियो फल सीलसिंधु आपने सुभाय को।
नीच यहि बीच पति पाइ भरुहाइगो,
बिहाइ प्रभु-भजन बचन मन काय को।
तातें तनु पेषियत घोर बरतोर मिस,
फूटि-फूटि निकसत लोन रामराय को।

ये दोनों छंद अत्यंत प्रसिद्ध हैं। पहले छंद की दूसरी और तीसरी पंक्तियाँ बहुत

भयानक हैं, जिनमें कवि कहता है कि देवता, प्रेत, पितर, कर्म, काल और दुष्ट ग्रह सब साथ ही दौड़कर मुझ पर तोप के गोले दाग रहे हैं। अंतिम पंक्तियों में वह कहता है कि हे राम, कहीं ऐसा भी हुआ है कि अगस्त्य मुनि का सेवक गाय के खुर के बराबर जल में डूब गया हो? दूसरे छंद में बलतोड़ का वर्णन है। इसमें 'नीच यहि बीच पति पाइ भरुहाइगो' का अर्थ यह है कि बीच में यह नीच जन प्रतिष्ठा पाकर फूल उठा और उसने तन-मन-वचन से राम का भजन करना छोड़ दिया। अंत में कवि कहता है कि बलतोड़ के रूप में राम का वही नमक फूट-फूटकर निकल रहा है। इन छंदों से यह भी स्पष्ट है कि हनुमानबाहुक में सिर्फ हनुमान की ही नहीं, बल्कि अंत में राम और शिव की भी स्तुति है।

कवितावली में तुलसीदास ने जिस पदावली का प्रयोग किया है, इतने उद्धरण देने के बाद उसके बारे में कुछ कहने की जरूरत नहीं है। फिर भी मैं उसके शंकर-स्तवन से दो छप्पय उद्धृत कर रहा हूँ, जिनकी शब्द-योजना और झंकृति देखने योग्य है। यह भाषा पर तुलसीदास के असाधारण अधिकार का सूचक है। छप्पय हैं—

1. *भस्म अंग, मर्दन अनंग, संतत असंग हर।*
सीस गंग, गिरिजा अधंग, भूषन भुजंगबर।
मुंडमाल, बिधु बाल भाल, डमरू कपालु कर।
बिबुध बृंद-नवकुमुद-चंद, सुखकंद सूलधर।
त्रिपुरारि, त्रिलोचन, दिग्बसन, बिषभोजन, भवभयहरन।
कह तुलसिदासु सेवत सुलभ सिव सिव सिव संकर सरन।।

2. *गरल-असन दिग्बसन ब्यसनभंजन जनरंजन।*
कुंद इंदु-कर्पूर-गौर सच्चिदानंदघन।
बिकट बेष, उर सेष, सीस सुरसरित सहज सुचि।
सिव अकाम अभिरामधाम नित रामनाम रुचि।
कंदर्पदर्प दुर्गम दमन उमारमन गुनभवन हर।
त्रिपुरारि! त्रिलोचन! त्रिगुनपर! त्रिपुरमथन! जय त्रिदसबर।।

कहने की आवश्यकता नहीं ऐसी पदावली तुलसीदास के बाद हिंदी के किसी कवि ने नहीं रची। पाठकों के सहायतार्थ बतला दूँ कि 'त्रिगुनपर' का मतलब है 'त्रिगुणातीत' और 'त्रिदसबर' का 'देवेश्वर'। एक बात यह कि कवितावली में एक स्थल पर सीता-वनवास का भी संकेत है। राम के बारे में तुलसीदास कहते हैं कि 'तीय सिरोमनि सीय तजी'। इसी तरह गीतावली की भी एक पंक्ति में संकेत है कि परशुराम सीता सहित राम के अयोध्या लौटते समय उन्हें रास्ते में मिले थे : 'जनकसुता समेत आवत गृह परसुराम अति मदहारी'।

रामचरितमानस

रामचरितमानस (1574 ई.) तुलसीदास का सुदृढ़ कीर्ति-स्तंभ है। इसी के बल पर वे भारत के ही नहीं, संसार के महान् कवियों में गिने जाते हैं। स्वभावतः विश्व की अनेकानेक भाषाओं में इस कृति का अनुवाद हुआ है। जार्ज ग्रियर्सन ने इसकी लोकप्रियता देखकर ही उन्हें बुद्धदेव के बाद सबसे बड़ा लोकनायक कहा था और आचार्य हजारीप्रसाद द्विवेदी के अनुसार 'यह तो बहुत लोगों ने बहुत बार कहा है कि उनकी रामायण उत्तर-भारत का बाइबिल है।' हिंदी के कुछ 'क्रांतिकारी' लेखक तुलसीदास के ब्राह्मण-समर्थक और शूद्र-नारी-विरोधी विचारों के कारण उनके लिए अमर्यादित शब्दों का प्रयोग करते हैं और एक राजनीतिक दल के कार्यकर्ताओं ने तो मानस की प्रतियाँ भी जलाई थीं। 'क्रांतिकारी' लेखक तुलसीदास की अशिष्ट शब्दों में घोर भर्त्सना करते हैं और कबीर को 'सामाजिक क्रांतिकारी' कहकर उन्हें सिर पर उठाए फिरते हैं। कबीर की महानता में किसी को संदेह नहीं है। उन्होंने एक सर्वथा नए ढंग की कविता रची और भाषा के साथ वस्तुतः 'डिक्टेटर' की तरह पेश आए, लेकिन वे सामाजिक क्रांतिकारी नहीं थे। यदि वे ऐसा कुछ थे भी, तो सामाजिक क्रांति उनका उपलक्ष्य थी, लक्ष्य नहीं। उनका लक्ष्य था, वेदांतवादी होने के कारण, जीव-मात्र की एकता का प्रतिपादन और तदर्थ बाह्य भेदों एवं आचारों का जोरदार ढंग से खंडन। वे इस संसार को माया मानकर परमात्मा से प्रेम करने का उपदेश देते थे और अंततः वैष्णव भक्त होने के कारण सरल एवं निष्कलुष जीवन बिताने पर

बल देते थे। जो लोग कबीर के आगे तुलसीदास को कोई महत्त्व नहीं देते, वे न कबीर को ठीक से जानते हैं और न तुलसीदास को। मुझे हरिशंकर परसाई याद आते हैं। उनके एक मित्र अपनी युवा पुत्री को लेकर उनके पास आए और उनसे कहा– मैं इसे विद्यापति स्वयं पढ़ा दूँगा (क्योंकि वे शृंगाररस के कवि थे), आप इसे कबीर पढ़ा दीजिए। परसाईजी ने लिखा है कि उस भले आदमी को यह पता नहीं था कि मैं उसे ठीक से कबीर पढ़ा दूँ, तो उसकी गृहस्थी चौपट हो जाए। उन्होंने कबीर-काव्य के मूल संदेश को समझ लिया था, जो 'क्रांतिकारी' लेखकों के लिए एक दुष्कर कार्य सिद्ध हो रहा है।

यह सुपरिचित तथ्य है कि महर्षि दयानंद वेद-मार्गावलंबी थे, जिस कारण उन्होंने पुराणों को 'गल्प' कहा और निषिद्ध ग्रंथों की जो सूचित प्रकाशित कराई, उसमें रामचरितमानस को भी रखा। आश्चर्य नहीं कि एक लोकप्रिय मासिक के आर्यसमाजी संपादक ने उसमें धारावाहिक रूप से एक लेख-माला लिखकर तुलसीदास को हिंदू समाज को पथभ्रष्ट करनेवाला सिद्ध किया। बाद में वे लेख पुस्तकाकार भी प्रकाशित हुए। उस पुस्तक को पढ़कर तुलसीदास के प्रति श्रद्धा द्विगुणित हो जाती है, क्योंकि सनातनी हिंदू होने के कारण मानस में उन्होंने ब्राह्मण-समर्थक और शूद्र-नारी-विरोधी जितनी आपत्तिजनक उक्तियाँ की हैं, वे प्राय: सब की सब हिंदू धर्मग्रंथों में आनेवाली उक्तियों का अनुवाद हैं। तुलसीदास का महत्त्व उनके कुछ अप्रिय और कर्कश विचारों में नहीं, उनकी वैष्णव भक्ति में है, जो सभी ऊपरी भेद-भावों को बहा ले जाती है और राम जब वन में कोल-किरातों की बातें उसी स्नेह के साथ सुनते हैं, जिस स्नेह के साथ पिता अपने बच्चों की बातें सुनते हैं, तो वे कहते हैं कि 'रामहि केवल प्रेमु पिआरा। जानि लेउ जो जाननिहारा' तथा रामराज्य में सरयू के एक ही घाट पर चारों वर्ण के लोग स्नान करते हैं : 'राजघाट सब बिधि सुंदर बर। मज्जहिं तहाँ बरन चारिउ नर।' अकारण नहीं है कि मुक्तिबोध भक्ति को एक क्रांतिकारी वस्तु मानते थे। उनकी प्रसिद्ध कविता 'अँधेरे में' में ये शब्द आते हैं– 'भक्ति की अग्नि का उद्रेक'। तात्पर्य यह कि मानस की अंतरंग भावधारा भक्ति ही है, जिसे समझे बगैर तुलसीदास की 'क्रांतिकारिता' को नहीं समझा जा सकता।

किसी कवि-लेखक को जानने के लिए उसके विश्वासों और विचारों को जानना नितांत अपर्याप्त होता है। शेक्सपियर भूत-प्रेत में विश्वास करते थे, तो तोल्सतोय का लेखन 'रूसी क्रांति का दर्पण' होते हुए भी, लेनिन के अनुसार, उनका ईसाई धर्म में गहन आस्था रखना उनका बड़ा भारी अंतर्विरोध है, तुर्गनेव जार की 'वफादार प्रजा' थे तथा एजरा पाउंड फासिज्म के और टी.एस. इलियट राजतंत्र के समर्थक थे। यहाँ पर गालिब सन् सत्तावन के विद्रोह के विरोधी थे। प्रश्न उठता है कि ये महान् कवि-लेखक क्या अपने विश्वासों और विचारों के चलते ही महान् हैं ? वस्तुतः व्यक्ति के आचरण और उसके रचनात्मक व्यक्तित्व का संबंध इतना जटिल और छलपूर्ण होता है कि रचनाकार के विश्वासों, विचारों और बाह्य आचरण को देखकर उसके साहित्य के संबंध में कोई फैसला नहीं दिया जा सकता।

रामचरितमानस के पाठ पर काम करनेवाले विद्वानों का कहना है कि इस महाकाव्य के सातों सर्ग एक क्रम से नहीं रचे गए हैं। कवि ने उनमें बहुत संशोधन, परिवर्धन और संपादन किया है। लेकिन आज मानस जिस रूप में हमें उपलब्ध है, उसमें एक क्रम और व्यवस्था है। वह क्रम और व्यवस्था वही है, जिससे काकभुशुंडि पक्षिराज गरुड़ को राम-कथा सुनाते हैं। उसे देखकर लगता है कि जैसे भी हो तुलसीदास ने मानस में राम-कथा प्रस्तुत करने के लिए एक प्रारूप बना रखा था। उनका काव्य स्पष्टतः उस प्रारूप का कार्यान्वयन है। किंचित् दीर्घ होने पर भी वह प्रारूप द्रष्टव्य है—

प्रथमहिं अति अनुराग भवानी। रामचरित सर कहेसि बखानी।
पुनि नारद कर मोह अपारा। कहेसि बहुरि रावन अवतारा।
प्रभु अवतार कथा सुनि गाई। तब सिसु चरित कहेसि मन लाई।
बाल चरित कहि विविध बिधि मन महँ परम उछाह।
रिषि आगवन कहेसि पुनि श्रीरघुवीर बिबाह।।
बहुरि राम अभिषेक प्रसंगा। पुनि नृप बचन राज रस भंगा।
पुरबासिन्ह कर बिरह विषादा। कहेसि राम लछिमन संबादा।
बिपिन गवन केवट अनुरागा। सुरसरि उतरि निवास प्रयागा।

बालमीक प्रभु मिलन बखाना। चित्रकूट जिमि बसे भगवाना।
सचिवागवन नगर नृप मरना। भरतागवन प्रेम बहु बरना।
करि नृप क्रिया संग पुरबासी। भरत गए जहँ प्रभु सुखरासी।
पुनि रघुपति बहुबिधि समझाए। लै पादुका अवधपुर आए।
भरत रहनि सुरपति सुत करनी। प्रभु अरु अत्रि भेंट पुनि बरनी।

कहि बिराध बध जेहि बिधि देह तजी सरभंग।
बरनि सुतीछन प्रीति पुनि प्रभु अगस्ति सतसंग।

कहि दंडक बन पावनताई। गीध मइत्री पुनि तेहिं गाई।
पुनि प्रभु पंचबटीं कृत बासा। भंजी सकल मुनिन्ह की त्रासा।
पुनि लछिमन उपदेस अनूपा। सूपनखा जिमि कीन्हि कुरूपा।
खरदूषण बध बहुरि बखाना। जिमि सब मरमु दसानन जाना।
दसकंधर मारीच बतकही। जेहि बिधि भई सो सब तेहिं कही।
पुनि माया सीता कर हरना। श्रीरघुबीर बिरह कछु बरना।
पुनि प्रभु गीध क्रिया जिमि कीन्हीं। बधि कबंध सबरिहि गति दीन्ही।
बहुरि बिरह बरनत रघुबीरा। जेहि बिधि गए सरोबर तीरा।

प्रभु नारद संबाद कहि मारुति मिलन प्रसंग।
पुनि सुग्रीव मिताई बालि प्रान कर भंग।
कपिहि तिलक करि प्रभु कृत सैल प्रबरषन बास।
बरनन बर्षा सरद अरु राम रोष कपि त्रास।

जेहि बिधि कपिपति कीस पठाए। सीता खोज सकल दिसि धाए।
बिबर प्रबेस कीन्ह जेहि भाँती। कपिन्ह बहोरि मिला संपाती।
सुनि सब कथा समीरकुमारा। नाघत भयउ पयोधि अपारा।
लंकाँ कपि प्रबेस जिमि कीन्हा। पुनि सीतहि धीरजु जिमि दीन्हा।
बन उजारि रावनहि प्रबोधी। पुर दहि नाघेउ बहुरि पयोधी।
आए कपि सब जहँ रघुराई। बैदेही की कुसल सुनाई।
सेन समेति जथा रघुबीरा। उतरे जाइ बारिनिधि तीरा।
मिला बिभीषण जेहि बिधि आई। सागर निग्रह कथा सुनाई।

सेतु बाँधि कपि सेन जिमि उतरी सागर पार।
गयउ बसीठी बीरबर जेहि बिधि बालि कुमार।

निसिचर कीस लराई बरनिसि बिबिध प्रकार।
कुंभकरन घन नाद कर बल पौरुष संघार।।
निसिचर निकर मरन बिधि नाना। रघुपति रावन समर बखाना।
रावन बध मंदोदरि सोका। राज बिभीषण देव असोका।
सीता रघुपति मिलन बहोरी। सुरन्ह कीन्हि अस्तुति कर जोरी।
पुनि पुष्पक चढ़ि कपिन्ह समेता। अवध चले प्रभु कृपा निकेता।
जेहि बिधि राम नगर निज आए। बायस बिसद चरित सब गाए।
कहेसि बहोरि राम अभिषेका। पुर बरनत नृपनीति अनेका।

कवि–कुल–गुरु ने अपने महाकाव्य रघुवंश का समारंभ जिस श्लोक से किया है, उसमें वे वागर्थ की प्राप्ति के लिए उस शिव और पार्वती की स्तुति करते हैं, जो वाक् और अर्थ की तरह संयुक्त हैं, यथा–

वागर्थाविव सम्पृक्तौ वागर्थप्रतिपत्तये।
जगतः पितरौ वन्दे पार्वती परमेश्वरौ।।

इससे भिन्न तुलसीदास ने रामचरितमानस का समारंभ सरस्वती और गणेश की वंदना से किया है। वह इसलिए कि सरस्वती विद्या की अधिष्ठात्री देवी हैं और गणेश 'बिद्या–बारिधि बुद्धि–बिधाता' हैं, यथा–

वर्णानामर्थसंघानां रसानां छन्दसामपि।
मङ्गलानां च कर्त्तारौ वन्दे वाणीविनायकौ।।

उनके अनुसार न शब्द काव्य है, न अर्थ–समूह, न रस और न छंद। इन सब से युक्त कविता उन्हें तब तक स्वीकार्य न थी, जब तक कि उसमें लोक–मंगल का विधान न हो। अनुमान है कि आचार्य रामचंद्र शुक्ल ने लोक–मंगल की अपनी अवधारणा उपर्युक्त श्लोक में प्रयुक्त 'मङ्गल' शब्द से ही प्राप्त की थी। अन्यत्र भी तुलसीदास ने कहा है कि 'कीरति भनिति भूति भलि सोई। सुरसरि सम सब कहँ हित होई।' स्पष्ट है कि जो कविता सर्वजनहितकारी नहीं, उसे वे कविता नहीं मानते थे। इस तरह उनमें कालिदास की अपेक्षा कविता के संबंध में एक अतिरिक्त बात है। यह तुलसीदास का नया काव्यशास्त्र

था। क्योंकि संस्कृत के किसी आचार्य ने 'लोकमंगल' या 'लोकहित' की बात नहीं कही है। 'व्यवहारविदे' से उनका आशय राजा आदि के साथ किए गए योग्य आचार का परिज्ञान करने से है और 'शिवेतर क्षतये' से रोग-निवारण से। 'कान्तासम्मित उपदेश' का अर्थ है मधुर और थोड़े शब्दों में उपदेश देना। साधारणीकरण के प्रसंग में आचार्यों ने कविगण को लोकविरुद्ध बातें कहने से मना किया है, क्योंकि उससे रस के साधारणीकरण में बाधा पड़ती है। उन्होंने कवियों की उस क्षमता में विश्वास नहीं किया, जो लोकरुचि को अपने सांचे में ढालने में समर्थ होती है। तुलसीदास की निम्नलिखित पंक्तियाँ बहुत प्रसिद्ध हैं—

मनि मानिक मुकुता छबि जैसी। अहि गिरि गज सिर सोह न तैसी।
नृप किरीट तरुनी तनु पाई। लहहिं सकल सोभा अधिकाई।
तैसेहिं सुकबि कबित बुध कहहीं। उपजहिं अनत छबि लहहीं।

इनमें कविता के पाठकों के हृदय में ही सुशोभित होने की बात है। स्पष्टतः यह संस्कृत के उस रीति-काव्य की परंपरा का विरोध है, जो कविता को विशेषज्ञों की चीज समझती थी। तुलसीदास ने दो स्थानों पर कविता के उपादानों और उसकी रचना प्रक्रिया का वर्णन किया है। दोनों स्थानों की पंक्तियाँ क्रमशः निम्नलिखित हैं—

1. *हृदयसिंधु मति सीप समाना। स्वाति सारदा कहहिं सुजाना।*
   जौं बरषइ बर बारि बिचारू। होहिं कबित मुकुतामनि चारू।।

2. *श्रीगुरु चरन सरोज रज निज मनु मुकुरु सुधारि।*
   बरनउँ रघुबर बिमल जसु जो दायकु फल चारि।

डा. रामविलास शर्मा को पहला उद्धरण विशेष प्रिय था, जिसमें 'विचार' शब्द आया है। उन्हें यह शब्द 'विचारधारा' का करीबी लगता था, जबकि तुलसीदास के लिए यह शब्द अत्यधिक व्यापक अर्थ रखता था, यानी कविता में हृदय, बुद्धि और विचार तीनों का महत्त्व होता है। बड़ी बात यह कि सरस्वती की चर्चा कर वे उस प्रतिभा की ओर संकेत करते हैं, जिसके बिना कविता संभव

नहीं हो सकती। दूसरे उद्धरण में उस कवि-मानस का वर्णन है, जो दर्पण की तरह तमाम वर्ण्य विषय को झलकाता है। यह कवि की कल्पना-शक्ति है, जिसका महत्त्व मानसकार ने अपने अनुभव से एक रूपक के द्वारा बतलाया है।

2

तुलसीदास ने अपने महाकाव्य रामचरितमानस के 'मानस' शब्द को ध्यान में रखकर उसके सर्गों को 'सोपान' कहा है, लेकिन जनता वाल्मीकीय रामायण के प्रभाव से उन्हें 'कांड' कहना ही पसंद करती है। मैं भी पाठकों की सुविधा के लिए लेख में 'सोपान' की जगह 'कांड' शब्द का ही प्रयोग करूँगा। आशा है, तुलसी-साहित्य के विद्वान् इसके लिए मुझे क्षमा करेंगे। आचार्य रामचंद्र शुक्ल ने लिखा है कि "जिस धूमधाम के साथ इस ग्रंथ की प्रस्तावना उठती है उसे देखते ही इसके महत्त्व का आभास मिलने लगता है। ऐसे दृष्टि-विस्तार के साथ, जगत् की ऐसी गंभीर समीक्षा के साथ और किसी ग्रंथ की प्रस्तावना नहीं लिखी गई।" 'प्रस्तावना' से उनका आशय उन वर्णनों से है, जो रामजन्म के पहले मानस में किंचित् विशद रूप में किए गए हैं। उसे मानस की 'भूमिका' भी कहा जा सकता है, जिसमें शिव-विवाह, नारद-मोह, रावण का अत्याचार आदि का वर्णन है। मैं इस लेख में सर्वत्र उन्हीं स्थलों को उद्धृत करूँगा, जो मुझे विशेष प्रिय हैं और जिनमें मैं पाठकों की भी भागीदारी चाहता हूँ।

ऐसा लगता है कि तुलसीदास के भीतर लोकभाषा अवधी में रामकथा कहने को लेकर एक अपराध-भाव था, जिसका पता उनकी अनेक उक्तियों से चलता है, जिनमें से एक में वे यह कहते हुए आत्मरक्षा का प्रयास करते हैं कि भाषा उनकी भले भदेस हो, लेकिन उनकी कविता की अंतर्वस्तु उत्तम कोटि की है। ऐसा इसलिए भी है कि राम-काव्य की सुदृढ़ परंपरा संस्कृत में थी और लोकभाषा में वे पहली बार उसे प्रस्तुत करने जा रहे थे, जो पंडित-समाज को स्वीकार्य न था। उनकी तीन उक्तियाँ आप देखें—

1. *भाषा भनिति भोरि मति मोरी। हँसिबे जोग हँसें नहिं खोरी।*

2. *भनिति भदेस बस्तु भलि बरनी। राम कथा जग मंगल करनी।*

3. *राम सुकीरति भनिति भदेसा। असमंजस अस मोहि अँदेसा।*

निश्चय ही काशी के शैवों और पोंगापंथी ब्राह्मणों ने उन्हें बहुत परेशान किया था, बल्कि उन्हें शारीरिक रूप से भी पीड़ित किया था। स्वभावतः उन्होंने खलों का जो वर्णन किया है, वह उनकी स्वानुभूति होने के कारण अत्यंत तीक्ष्ण है। नीचे वह पूरा वर्णन दिया जा रहा है—

बहुरि बंदि खल गन सतिभाएँ। जे बिनु काज दाहिनेहु बाएँ।
परि हित हानि लाभ जिन्ह केरें। उजरें हरष विषाद बसेरें।
हरि हर जस राकेस राहु से। पर अकाज भट सहसबाहु से।
जे पर दोष लखहिं सहसाखी। पर हित घृत जिन्हके मन माखी।
तेज कृसानु रोष महिषेसा। अघ अवगुन धन धनी धनेसा।
उदय केत सम हित सब ही के। कुंभकरन सम सोवत नीके।
पर अकाजु लगि तनु परिहरहीं। जिमि हिम उपल कृषी दलि गरहीं।
बंदउँ खल जस शेष सरोषा। सहस बदन बरनइ पर दोषा।
पुनि प्रनवउँ पृथुराज समाना। पर अघ सुनइ सहस दस काना।
बहुरि सक्र सम बिनवउँ तेही। संतत सुरा नीक हित जेही।
बचन बज्र जेहि सदा पिआरा। सहस नयन पर दोष निहारा।
उदासीन अरि मीत हित सुनत जरहिं खल रीति।
जानि पानि जुग जोरी जन बिनती करइ सप्रीति।।

अब हम तुलसीदास कृत विष्णु, शिव और गुरु की वंदना देखें, जो हृदय से निःसृत होने के कारण अत्यंत प्रभावशाली है। पंक्तियों को देखने के बाद हम संक्षेप में उनके काव्य-गुण का भी निरूपण करेंगे—

नील सरोरुह स्याम तरुन अरुन बारिज नयन।
करउ सो मम उर धाम सदा छीरसागर सयन।।
कुंद इंदु सम देह उमा रमन करुना अयन।
जाहि दीन पर नेह करउ कृपा मर्दन मयन।।

बंदउँ गुरु पद कंज कृपा सिंधु नररूप हरि।
महामोह तम पुंज जासु बचन रबि कर निकर।।

ये सोरठे हैं। पहले सोरठे में कवि का वर्ण-संयोजन देखने लायक है। उसमें 'नील' है, तो 'स्याम' भी और 'अरुन' है, तो 'छीर' अर्थात् शुभ्र भी। दूसरे सोरठे में लक्ष्य करने योग्य यह है कि शिव को 'उमा रमन' कहने के बाद अंत में उन्हें 'मर्दन मयन' कहकर कवि ने अपने कथन को संतुलित किया है। चौथे सोरठे में महामोह को 'तमपुंज' कहते हुए गुरु के वचन को उसे नष्ट करनेवाला 'रबि कर निकर' बतलाना एक प्रचंड उक्ति है। नोट करने लायक बात यह भी है कि गुरु की वंदना तुलसीदास ने किंचित् विस्तार से की है। आगे उन्होंने विभोर होकर कहा है—

श्रीगुर पद नख मनि गन जोती। सुमिरत दिव्य दृष्टि हियँ होती।
दलन मोह तम सो सुप्रकासू। बड़े भाग उर आवइ जासू।
उघरहिं बिमल बिलोचन ही के। मिटहिं दोष दुख भव रजनी के।
सूझहिं राम चरित मनि मानिक। गुपुत प्रगट जहँ जो जेहि खानिक।

. . . .

गुरु पद रज मृदु मंजुल अंजन। नयन अमिअ दृग दोष बिभंजन।
तेहिं करि बिमल बिबेक बिलोचन। बरनउँ राम चरित भव मोचन।

मैं अंतिम चौपाई की पहली अर्धाली की ओर विशेष रूप से पाठकों का ध्यान आकर्षित करना चाहता हूँ, जिसमें अनुनासिकता के कारण तुलसीदास की भाषा घुँघरू की तरह झनकती है। हम आगे देखेंगे कि कभी उनकी भाषा ठनके की तरह ठनकती भी है। ज्यादा स्थलों पर वह कलकल करती शांत गति से बहती नदी से मिलती है। उसमें कभी भँवर अवश्य बनते हैं, जिन पर तुलसीदास के कवित्व को जानने के लिए ध्यान देना जरूरी होता है।

'भूमिका' में तुलसीदास ने सती के मोह का जो वर्णन किया है, वह एक विलक्षण जादुई वातावरण की सृष्टि करता है। वन में राम और लक्ष्मण सीता-हरण के बाद उनकी खोज में भटक रहे थे, तभी सती के साथ शिव उधर से गुजरे। शिव और राम दोनों ने एक दूसरे को पहचाना, लेकिन

असमय जानकर शिव ने उन्हें अपना परिचय नहीं दिया। उन्होंने परब्रह्म विष्णु के अवतार राम को प्रणाम किया और उनके दर्शनों से अतिशय पुलकित हुए। उनकी दशा देखकर सती कुछ समझ न सकीं। उन्होंने यह देखकर आश्चर्य प्रकट किया कि देवाधिदेव ने एक साधारण नृप-कुमार को अपनी प्रणति निवेदित की। शिव ने उन्हें राम के बारे में बतलाया, लेकिन उन्हें विश्वास नहीं हुआ। हारकर उन्होंने उनसे कहा कि तुम स्वयं परीक्षा लेकर देख लो। शिव एक स्थान पर खड़े होकर उनका इंतजार करने लगे और वे सीता का वेश धारण कर राम के पास गईं। राम ने उन्हें पहचान लिया और 'जोरि पानि प्रभु कीन्ह प्रनामू। पिता समेत लीन्ह निज नामू।' आगे का वर्णन भी कवि के शब्दों में ही द्रष्टव्य है–

जाना राम सतीं दुख पावा। निज प्रभाउ कछु प्रगटि जनावा।
सतीं दीख कौतुकु मग जाता। आगें रामु सहित श्री भ्राता।
फिरि चितवा पाछें प्रभु देखा। सहित बंधु सिय सुंदर बेषा।
जहँ चितवहिं तहँ प्रभु आसीना। सेवहिं सिद्ध मुनीस प्रबीना।
देखे सिव बिधि बिष्नु अनेका। अमित प्रभाउ एक तें एका।
बंदत चरन करत प्रभु सेवा। बिबिध बेष देखे सब देवा।
सती बिधात्री इंदिरा देखीं अमित अनूप।
जेहिं जेहिं बेष अजादि सुर तेहि तेहि तन अनुरूप।।
देखे जहँ तहँ रघुपति जेते। सक्तिन्ह सहित सकल सुर तेते।
जीव चराचर जो संसारा। देखे सकल अनेक प्रकारा।
पूजहिं प्रभुहि देव बहु बेषा। राम रूप दूसर नहिं देखा।
अवलोके रघुपति बहुतेरे। सीता सहित न बेष घनेरे।
सोइ रघुबर सोइ लछिमनु सीता। देखि सती अति भईं सभीता।
हृदय कंप तन सुधि कछु नाहीं। नयन मूदि बैठीं मग माहीं।
बहुरि बिलोकेउ नयन उघारी। कछु न दीख तहँ दच्छकुमारी।
पुनि पुनि नाइ राम पद सीसा। चलीं तहाँ जहँ रहे गिरीसा।

पार्वतीमंगल में भी शिव की बारात का वर्णन है, जो हम देख चुके हैं। मानस की 'भूमिका' में भी तुलसीदास ने किंचित् हेर-फेर के साथ उस

वर्णन को दुहराया है। यह वर्णन भी पहले वर्णन की तरह ही दिलचस्प है। शिव जब एक हाथ में त्रिशूल और दूसरे हाथ में डमरू लेकर बैल पर सवार होकर चले, तो 'देखि सिवही सुरत्रिय मुसुकाहीं। वर लायक दुलहिनि जग नाहीं।' विष्णु की प्रतिक्रिया भी कुछ ऐसी ही थी : 'वर अनुहारि बरात न भाई। हँसी करैहहु पर पुर जाई।' उसके बाद शिव ने अपने गणों को बुलाया, जिनके बारे में कवि कहता है : 'कोउ मुख हीन बिपुल मुख काहू। बिनु पद कर कोउ बहु पद बाहू।/बिपुल नयन कोउ नयन बिहीना। रिष्ट पुष्ट कोउ अति तनखीना।' इस वर और बारात को देखकर पार्वती की माँ मेना अत्यधिक चिंतित हुईं और उन्हें गोद में बैठाकर कहा—

कस कीन्ह बरु बौराह बिधि जेहिं तुम्हहि सुंदरता दई।
जो फलु चहिअ सुरतरुहिं सो बरबस बबूरहिं लागई।
तुम्ह सहित गिरि तें गिरौ पावक जरौं जलनिधि महँ परौं।
जरु जाउ अपजसु होउ जग जीवत बिबाहु न हौं करौं।।

यह हरिगीतिका छंद है, जिसके बारे में मर्मभेदी दृष्टि रखनेवाले आलोचक डा. नामवर सिंह का कहना है कि मैथिलीशरण गुप्त की 'भारत-भारती' की लोकप्रियता का एक बड़ा कारण उसका इसी छंद में रचा जाना है। मानस में उसका प्रयोग कर तुलसीदास ने उसे अत्यंत सुपरिचित बना दिया था। मेना यहीं नहीं रुकतीं। वे नारद को कोसती हुई कहती हैं—

नारद कर मैं काह बिगारा। भवनु मोर जिन्ह बसतु उजारा।
अस उपदेसु उमहि जिन्ह दीन्हा। बौरे बरहि लागि तप कीन्हा।
साचेहुँ उन्हकें मोह न माया। उदासीन धनु धामु न जाया।
पर घर घालक लाज न भीरा। बाँझ कि जान प्रसव कै पीरा।

यहाँ 'भीर' शब्द का अर्थ है डर। इसके अलावा इस उद्धरण में कहीं कोई पेच नहीं है।

पता नहीं मानस की कितनी उक्तियाँ हिंदी क्षेत्र में लोकोक्ति के रूप में प्रचलित हैं, भले लोग उनका संदर्भ न जानें। ऐसी ही एक उक्ति मेना के उस कथन में देखने को मिलती है, जो पार्वती को विदा करते समय उनके मुँह

से निकलती है। तुलसीदास के विरोधी सिर्फ उनके नारी-विरोध को देखते हैं, उनके द्वारा किए गए नारी के चित्रण को नहीं। इस अर्धाली में मेना के माध्यम से तुलसीदास का हृदय द्रवित होकर प्रवाहित हो उठा है : 'कत बिधि सृजीं नारि जग माहीं। पराधीन सपनेहुँ सुखु नाहीं।' ऐसा ही प्रसंग तब देखने को मिलता है, जब जनक की रानियाँ विवाहोपरांत अपनी पुत्रियों को विदा करती हैं। तुलसीदास के शब्दों में, 'बहुरि बहुरि भेटहिं महतारीं। कहहिं बिरंचि रचीं कत नारीं।'

1948-49 की बात है। मैं अपने गाँव के मिडिल स्कूल में चौथे-पाँचवें का छात्र था। मेरे स्कूल में प्रार्थना के रूप में 'भए प्रगट कृपाला' बालकांड की यह कविता, जो तीस मात्राओं के चौपैया छंद में रचित है, गाई जाती थी। सातवें का एक छात्र बहुत शुद्ध रूप में इस कविता को गाता था, जिसे बाद में सभी छात्र एक साथ दुहराते थे। जब ग्रीष्मावकाश और पूजावकाश शुरू होनेवाला होता था, तो अंतिम कार्य-दिवस को उक्त कविता के साथ उसी तरह की एक और कविता गाई जाती थी— 'जय जय सुरनायक जन सुखदायक'। उस समय मैं काव्यानंद उठाने की स्थिति में नहीं था, लेकिन दोनों ही कविताएँ मुझे अच्छी लगती थीं। दूसरी कविता की यह पंक्ति 'जो भव भय भंजन मुनि मन रंजन गंजन बिपति बरूथा' मुझे झनझना देती थी। उस कविता की कुछ ही पंक्तियाँ मुझे याद रह गई हैं, लेकिन पहली कविता की अनेक पंक्तियाँ मुझे उसी समय से याद हैं, चाहे उनका अर्थ मैंने बाद में जाना हो। राम जब कौसल्या के गर्भ से भूमिष्ठ हुए, तो विष्णु के रूप में : 'लोचन अभिरामा तनु घनस्यामा निज आयुध भुज चारी।/भूषण बनमाला नयन बिसाला सोभासिंधु खरारी।।' अंत में राम के कुछ समझाने के बाद—

माता पुनि बोली सो मति डोली तजहु तात यह रूपा।
कीजै सिसुलीला अति प्रियसीला यह सुख परम अनूपा।
सुनि बचन सुजाना रोदन ठाना होइ बालक सुर भूपा।
यह चरित जे गावहिं हरिपद पावहिं ते न परहिं भवकूपा।।

इसे गाने से पाठकों को मोक्ष-प्राप्ति हो या नहीं, 'रोदन ठाना' से उन्हें उस काव्यानंद की प्राप्ति अवश्य होगी, जिसे आचार्यों ने ब्रह्मानंद सहोदर कहा है।

गीतावली के कई पदों में तुलसीदास ने राम के बाल-रूप का वर्णन किया है, लेकिन स्वाभाविकता और चित्रमयता की दृष्टि से उनमें से कोई पद उल्लेखनीय नहीं है। इसके विपरीत बालकांड में उन्होंने संक्षेप में राम की बाल-प्रकृति का जो वर्णन किया है, वह सूरदास के समकक्ष है। आप ये चौपाइयाँ और दोहा देखें—

मन क्रम बचन अगोचर जोई। दसरथ अजिर बिचर प्रभु सोई।
भोजन करत बोल जब राजा। नहिं आवत तजि बाल समाजा।
कौसल्या जब बोलन जाई। ठुमुकु ठुमुकु प्रभु चलहिं पराई।
निगम नेति सिव अंत न पावा। ताहि धरै जननी हठि धावा।
धूसर धूरि भरें प्रभु आए। भूपति बिहसि गोद बैठाए।
भोजन करत चपल चित इत उत अवसरु पाइ।
भाजि चले किलकत मुख दधि ओदन लपटाइ।।

जनक की पुष्प-वाटिका में विश्वामित्र की पूजा के लिए राम और लक्ष्मण फूल लाने के लिए गए, तो वहाँ राम को सीता दिखलाई पड़ गईं। वे अपनी सखियों के साथ गौरी-पूजन के लिए आई थीं। उनके चलने से उनके आभूषण मधुर ध्वनि कर रहे थे, जो राम को नगाड़े की आवाज की तरह सुनाई पड़ती है। तत्पश्चात्—

कंकन किंकिनि नूपुर धुनि सुनि। कहत लखन सन रामु हृदयँ गुनि।
मानहुँ मदन दुंदुभी दीन्ही। मनसा बिस्व विजय कहँ कीन्ही।
अस कहि फिरि चितए तेहि ओरा। सिय मुख ससि भए नयन चकोरा।
भए बिलोचन चारु अचंचल। मनहुँ सकुचि निमि तजे दिगंचल।

सीता के आभूषणों की मधुर ध्वनि उन्हें ऐसी प्रतीत होती है, जैसे कामदेव ने विश्व को जीतने का संकल्प करके डंके पर चोट मारी है। राम जानते थे कि वे परब्रह्म विष्णु के अवतार हैं, इसलिए उनको जीतने का मतलब था संपूर्ण विश्व को जीत लेना। सीता के सौंदर्य का क्या कहना ! 'सुंदरता कहुँ सुंदर करई। छबिगृहँ दीपसिखा जनु बरई।' राम ने लक्ष्मण से कहा : 'तात

जनकतनया यह सोई। धनुषजग्य जेहि कारन होई।/पूजन गौरि सखीं लै आई। करत प्रकासु फिरइ फुलवाई।/जासु बिलोकि अलौकिक सोभा। सहज पुनीत मोर मनु छोभा।' 'कंकन किंकिनि' वाली अर्धाली में हम अर्थ के साथ मधुर शब्द-संगीत भी सुनते हैं, यहाँ 'करत प्रकासु फिरत फुलवाई' में अर्थ का विस्फोट द्रष्टव्य है। उधर सीता की स्थिति विचित्र थी। वह बार-बार मृगों और पक्षियों को देखने के बहाने राम की शोभा देखती थी और तन्मय हो जाती थी। उसकी एक सखी ने उससे यह कहते हुए विनोद किया कि 'पुनि आउब एहि बेरिआँ काली। अस कहि मन बिहसी एक आली।' यह वस्तुतः कवि का अत्यंत परिष्कृत विनोद है, जिसमें यहाँ सीता के प्रति उसका पूज्य भाव बाधक नहीं बना है। इस मुक्तता के बिना कोई कवि बड़ा हो भी नहीं सकता। आजकल के 'महापुरुष' अपने सार्वजनिक और व्यक्तिगत चरित्र के बीच फर्क रखने को सब तरह से नैतिक मानते हैं। उनसे भिन्न 'राम कहा सबु कौसिक पाहीं। सरल सुभाउ छुअत छल नाहीं', क्योंकि वे सही मानी में महापुरुष थे, जिनके दोनों चरित्र एक थे।

मानस की यह उक्ति भी लोकोक्ति बन चुकी है कि 'जिन्हकें रही भावना जैसी। प्रभु मूरति तिन्ह देखी तैसी', लेकिन इसका असली मजा इसके अगले विस्तार में है :

देखहिं रूप महा रनधीरा। मनहुँ बीर रसु धरें सरीरा।
डरे कुटिल नृप प्रभुहि निहारी। मनहुँ भयानक मूरति भारी।
रहे असुर छल छोनिप बेषा। तिन्ह प्रभु प्रगट काल सम देखा।
पुरबासिन देखे दोउ भाई। नर भूषण लोचन सुखदाई।
नारि बिलोकहिं हरषि हियँ निज निज रुचि अनुरूप।
जनु सोहत सिंगार धरि मूरति परम अनूप।।
बिदुषन्ह प्रभु बिराटमय दीसा। बहु मुख कर पग लोचन सीसा।
जनक जाति अवलोकहिं कैसें। सजन सगे प्रिय लागहिं जैसें।
सहित बिदेह बिलोकहिं रानी। सिसु सम प्रीति न जाति बखानी।
जोगिन्ह परम तत्त्वमय भासा। सांत सुद्ध सम सहज प्रकासा।
हरिभक्तन्ह देखे दोउ भ्राता। इष्टदेव इव सब सुख दाता।

रामहि चितव भायँ जेहि सीया। सो सनेहु सुखु नहिं कथनीया।
उर अनुभवति न कहि सक सोऊ। कवन प्रकार कहै कबि कोऊ।

इस उद्धरण की छठी अर्धाली में आनेवाले 'जाति' शब्द का अर्थ है कुटुंब। यह उस समय का दृश्य है, जब राम ने लक्ष्मण के साथ धनुषयज्ञ की रंगभूमि में वैसे पदार्पण किया, जैसे तारों के बीच दो पूर्ण चंद्रमा। बालकांड के नायक वस्तुतः लक्ष्मण हैं, क्योंकि इसका सबसे बड़ा आकर्षण उनका जनक और परशुराम के साथ संवाद है। कहने की आवश्यकता नहीं कि तुलसीदास कथा, वर्णन और संवाद तीनों की रचना में असाधारण रूप से समर्थ थे। संवादों में तो उनकी वाग्मिता देखते ही बनती है। जब रावण और बाणासुर-जैसे पराक्रमी भी शिव के धनुष को देखकर भाग खड़े हुए और कोई राजा उसे तोड़ने क्या, हिलाने में भी सफल नहीं हुआ, तो जनक ने बहुत दुखी होकर यह घोषणा की : 'अब जनि कोउ माखै भट मानी। बीर बिहीन मही मैं जानी।/ तजहु आस निज निज गृह जाहू। लिखा न बिधि बैदेहि बिबाहू।' इसमें 'माखना' का अर्थ है नाराज न होना। जनक की यह बात लक्ष्मण को बर्दाश्त न हुई। उन्होंने राम के चरणों में सिर झुकाकर जनक को उत्तर दिया—

रघुबंसिन्ह महुँ जहँ कोउ होई। तेहिं समाज अस कहइ न कोई।
कही जनक जसि अनुचित बानी। बिद्यमान रघुकुलमनि जानी।
सुनहु भानुकुल पंकज भानू। कहउँ सुभाउ न कुछ अभिमानू।
जौं तुम्हारि अनुसासन पावौं। कंदुक इव ब्रह्मांड उठावौं।
काचे घट जिमि डारौं फोरी। सकउँ मेरु मूलक जिमि तोरी।
तव प्रताप महिमा भगवाना। को बापुरो पिनाक पुराना।
नाथ जानि अस आयसु होऊ। कौतुक करौं बिलोकिअ सोऊ।
कमल नाल जिमि चाप चढ़ावौं। जोजन सत प्रमान लै धावौं।
तौरों छत्रक दंड जिमि तर प्रताप बल नाथ।
जौं न करौं प्रभु पद सपथ कर न धरौं धनु भाथ।।

लक्ष्मण ने क्रोध सहित जो ये बातें कहीं, तो पृथ्वी डगमगा गई और दिग्गज डोल उठे। सारे राजा डर गए, सीता मन में हर्षित हुईं और जनक

सकुचा गए। राम ने इशारे से लक्ष्मण को मना किया और उन्हें स्नेहपूर्वक अपने पास बिठा लिया। तत्पश्चात् विश्वामित्र के आदेश से राम धनुष तोड़ने के लिए उठे। यह देखकर जनक की पत्नी सुनयना घबड़ा गईं और उन्होंने कहा—

सखि सब कौतुक देखनिहारे। जेउ कहावत हितू हमारे।
कोउ न बुझाइ कहइ गुर पाहीं। ए बालक असि हठ भलि नाहीं।
रावन बान छुआ नहिं चापा। हारै सकल भूप करि दापा।
सो धनु राजकुअँर कर देहीं। बाल मराल कि मंदर लेहीं।
भूप सयानप सकल सिरानी। सखि बिधि गति कछु जाति न जानी।

इस पर 'बोली चतुर सखी मृदु बानी। तेजवंत लघु गनिअ न रानी।' सीता की हालत बहुत खराब थी। उन्होंने 'मन ही मन मनाव अकुलानी। होहु प्रसन्न महेस भवानी।/करहु सफल आपनि सेवकाई। करि हितु हरहु चाप गरुआई।' सीता भरी सभा में यह अत्याचार होते देखकर लज्जावश कुछ बोलीं तो नहीं, लेकिन 'लोचन जलु रह लोचन कोना। जैसें परम कृपन कर सोना।' अंततः राम ने बड़ी आसानी से धनुष तोड़ दिया। आपने तुलसीदास के घुँघरू की तरह झनकती भाषा देखी है, निम्नलिखित हरिगीतिका में उनकी ठनके की तरह ठनकती भाषा देखिए। राम द्वारा धनुष-भंग करने के बाद—

भरे भुवन घोर कठोर रव रबि बाजि तजि मारगु चले।
चिक्करहिं दिग्गज डोल महि अहि कोल कूरुम कलमले।
सुर असुर मुनि कर कान दीन्हें सकल बिकल बिचारहीं।
कोदंड खंडेउ राम तुलसी जयति बचन उचारहीं।।

तत्पश्चात् सखियाँ सीता को लेकर राम के गले में जयमाल डलवाने के लिए चलीं। तुलसीदास कहते हैं कि 'सखिन्ह मध्य सिय सोहति कैसें। छबिगन मध्य महाछबि जैसें।' वे राम के प्रेम में इस कदर विह्वल थीं कि उनसे उनके गले में जयमाल डाली नहीं जा रही थी। किसी तरह उन्होंने वह कार्य संपन्न किया। इसी समय धनुष-भंग की आवाज सुनकर पूरे कोप के

साथ परशुराम रंगभूमि में पहुँचे। उन्होंने जनक से पूछा कि शिव का धनुष किसने तोड़ा है और फिर यह घोषित किया कि जिसने यह महान् अपराध किया है, वह मेरा शत्रु है, वह राजाओं के समाज से अलग हो जाए, नहीं तो सारे राजा मारे जाएँगे। फिर—

सुनि मुनि बचन लखन मुसुकाने। बोले परसुधरहि अपमाने।
बहु धनुहीं तोरीं लरिकाईं। कबहुँ न असि रिस कीन्हि गुसाईं।
एहि धनु पर ममता केहि हेतू। सुनि रिसाइ कह भृगुकुल केतू।
रे नृप बालक कालबस बोलत तोहि न सँभार।
धनुही सम त्रिपुरारि धनु बिदित सकल संसार।।
लखन कहा हँसि हमरें जाना। सुनहु देव सब धनुष समाना।
का छति लाभु जून धनु तोरें। देखा राम नयन के भोरें।
छुअत टूट रघुपतिहु न दोसू। मुनि बिनु काज करिअ कत रोसू।

इस उद्धरण में 'जून' शब्द का अर्थ है 'जीर्ण' और 'नयन' का नया, अर्थात् राम ने तो उसे भूल से नया समझा था। इस पर परशुराम और बिगड़ खड़े हुए और उन्होंने लक्ष्मण को जान से मारने की धमकी दी। इसका उन पर कोई असर नहीं हुआ, क्योंकि—

बिहसि लखनु बोले मृदु बानी। अहो मुनीसु कहा भटमानी।
पुनि पुनि मोहि देखाव कुठारू। चहत उड़ावन फूँकि पहारू।
यहाँ कुम्हड़बतिया कोउ नाहीं। जे तरजनी देखि मरि जाहीं।
देखि कुठारु सरासन बाना। मैं कछु कहा सहित अभिमाना।
भृगुसुत समुझि जनेउ बिलोकी। जो कछु कहहु सहउँ रिस रोकी।
सुर महिसुर हरिजन अरु गाई। हमरें कुल इन पर न सुराई।
बधें पाप अपकीरति हारें। मारतहूँ पा परिअ तुम्हारें।
कोटि कुलिस सम बचनु तुम्हारा। व्यर्थ धरहु धनु बान कुठारा।

लक्ष्मण की ये बातें सुनकर परशुराम का क्रोध चरम बिंदु पर पहुँच गया और उन्होंने विश्वामित्र से कहा कि यह बालक क्षण–मात्र में काल के गाल में चला जाएगा। यदि तुम इसे बचाना चाहते हो, तो इसे मेरे प्रताप से परिचित

कराओ। लक्ष्मण कहाँ माननेवाले थे। तुलसीदास कहते हैं :

लखन कहेउ सुनि सुजसु तुम्हारा। तुम्हहि अछत को बरनै पारा।
अपने मुँह तुम्ह आपनि करनी। बार अनेक भाँति बहु बरनी।
नहिं संतोषु त पुनि कछु कहहू। जनि रिस रोकि दुसह दुख सहहू।
बीरब्रती तुम्ह धीर अछोभा। गारी देत न पावहु सोभा।
सूर समर करनी करहिं कहि न जनावहिं आपु।
बिद्यमान रन पाइ रिपु कायर कथहिं प्रतापु।।
तुम्ह तौ कालु हाँक जनु लावा। बार बार मोहि लागि बुलावा।

अंतिम अर्धाली में 'मोहि लागि' का अर्थ है मेरे लिए। परशुराम ने पुनः विश्वामित्र से कहा कि मैं तुम्हारे शील के कारण ही इसे मार नहीं रहा, वर्ना इसे काटकर अपने गुरु शंकर से उऋण हो जाता। लक्ष्मण को फिर मौका मिल गया। उन्होंने उन्हें उत्तर दिया–

कहेउ लखन मुनि सील तुम्हारा। को नहिं जान बिदित संसारा।
माता पितहि उरिन भए नीकें। गुर रिनु रहा सोचु बड़ जी कें।
सो जनु हमरेहि माथे काढ़ा। दिन चलि गए ब्याज बड़ बाढ़ा।
अब आनिअ ब्यवहरिआ बोली। तुरत देउँ मैं थैली खोली।
सुनि कटु बचन कुठार सुधारा। हाय हाय सब सभा पुकारा।
मृगुबर परसु देखावहु मोही। बिप्र बिचारि बचउँ नृपद्रोही।
मिले न कबहुँ सुभट रन गाढ़े। द्विज देवता घरेहि के बाढ़े।

इसमें जो 'ब्यवहरिआ' शब्द का प्रयोग हुआ है, वह हिसाब करनेवाले के लिए और 'बोली' 'बुलाइए' के लिए। राम ने इशारे से पुनः लक्ष्मण को रोका और अनेक प्रकार से, लेकिन लक्ष्मण को बचाते हुए और दृढ़ता के साथ, परशुराम को शांत करने की कोशिश की। वे शांत नहीं हुए और लक्ष्मण को धमकाते ही रहे, तो–

लखन कहेउ हँसि सुनहु मुनि क्रोधु पाप कर मूल।
जेहि बस जन अनुचित करहिं चरहिं बिस्व प्रतिकूल।।

मैं तुम्हार अनुचर मुनिराया। परिहरि कोपु करिअ अब दाया।
टूट चाप नहिं जुरिहि रिसाने। बैठिअ होइहिं पाय पिराने।
जौं अति प्रिय तव करिअ उपाई। जोरिअ कोउ बड़ गुनी बोलाई।

इस बार उन्हें जनक ने चुप कराया, लेकिन परशुराम उनके विरुद्ध विष वमन करते ही रहे। अब राम ने पुनः दृढ़ता के साथ उन्हें समझाने की कोशिश की, पर उन पर उसका कोई असर नहीं हुआ। लेकिन परशुराम कहीं अपने को विवश भी महसूस करने थे। कहते हैं कि 'बहइ न हाथु दहइ रिस छाती। भा कुठारु कुंठित नृपघाती।/भयउ बाम बिधि फिरेउ सुभाऊ। मोरे हृदयँ कृपा कसि काऊ।' उनके मुँह से दया की बात सुनकर लक्ष्मण को हँसी आ गई। बोले—

बाउ कृपा मूरति अनुकूला। बोलत बचन झरत जनु फूला।
जौं पै कृपाँ जरिहिं मुनि गाता। क्रोध भएँ तनु राख बिधाता।

इसमें 'बाउ' शब्द का अर्थ है वायु और अंतिम अर्धाली का यह अर्थ है कि यदि दया से आपका शरीर जल रहा है, तो क्रोध होने पर तो शरीर की रक्षा विधाता ही करेंगे। इस पर परशुराम ने जनक से कहा कि इस बालक को यमपुरी जाने से रोकना चाहते हो, तो इसे मेरी आँखों से दूर करो। कवि के अनुसार 'बिहसे लखनु कहा मन माहीं। मूदें आँखि कतहुँ कोउ नाहीं।' फिर परशुराम राम पर क्रुद्ध हो गए और राम को आँखें दिखाने लगे। इसका राम पर कोई प्रभाव नहीं पड़ा और वे प्रकारांतर से लक्ष्मण का बचाव करते हुए पूरी निर्भीकता से उन्हें क्रोध त्यागने को कहा। इसे परशुराम ने उनकी धृष्टता समझकर उन्हें भी लक्ष्मण की तरह ही टेढ़ा बतलाया। अंत में परशुराम को कुछ संदेह हुआ, जिसके निवारण के लिए उन्होंने राम को विष्णु का धनुष चढ़ाने के लिए दिया। जब वह धनुष स्वयं राम के पास चला गया, तो वे समझ गए कि उनका तेज समाप्त हो चुका है, क्योंकि परब्रह्म विष्णु ने राम के रूप में दूसरा अवतार ले लिया है। उन्होंने पुलकित शरीर से दोनों हाथ जोड़कर राम की स्तुति की और लक्ष्मण सहित उनसे क्षमा-याचना करके तपस्या करने के लिए वन के लिए प्रस्थान कर गए। इसे प्रो. नलिनविलोचन

शर्मा के शब्दों में 'ऊर्ध्वपातन' कहा जा सकता है।

राम-विवाह से संबंधित दो चित्र उल्लेखनीय हैं। वे हैं–

1. *राम सीय सुंदर प्रतिछाहीं। जगमगात मनि खंभन माहीं।*
मनहुँ मदन रति धरि बहु रूपा। देखत राम बिआहु अनूपा।

2. *निज पानि मनि महुँ देखिअति मूरति सुरूपनिधान की।*
चालति न भुजबल्ली बिलोकनि बिरह भय बस जानकी।

पहला उद्धरण तो नया है, लेकिन दूसरा करीब-करीब इसी रूप में जानकीमंगल में आ चुका है। अंतर सिर्फ छंद और शब्दों को लेकर है। एक बात यह कि बालकांड में संकेत से सीता-वनवास का भी जिक्र किया गया है। राम की प्रशंसा में तुलसीदास एक स्थल पर कहते हैं : 'सिय निंदक अघ ओघ नसाए। लोक बिसोक बनाइ बसाए', अर्थात् उन्होंने सीता की निंदा करनेवाले के पाप-समूह को नाश कर उसे शोकरहित करके अपने धाम में बसा दिया।

3

जैसे बालकांड का सबसे बड़ा आकर्षण जनक और परशुराम के साथ लक्ष्मण का संवाद है, वैसे ही अयोध्याकांड का सबसे बड़ा आकर्षण कैकेयी-मंथरा-संवाद है। यह मानस की परवर्ती घटनाओं का हेतु भी है, यथा राम-वन-गमन, दशरथ की मृत्यु, भरत की ग्लानि, उनका चित्रकूट जाकर राम की चरण-पादुका प्राप्त करना, फिर नंदिग्राम में रहकर तपस्वी का जीवन बिताना, सीता का हरण, लंका का युद्ध, रावन-वध आदि। कैकेयी उक्त संवाद में रानी न होकर अपनी प्रकृति से एक साधारण स्त्री है और मंथरा एक कुटिलमति दासी। इस तरह ये दोनों चरित्र एक तरह से 'टिपिकल' चरित्र हैं। बावजूद इसके इनका आकर्षण दुर्निवार है। दशरथ राम को युवराज-पद देनेवाले हैं। संयोग ऐसा है कि लग्न अभी बन रहा है और भरत और शत्रुघ्न भरत के ननिहाल में हैं। लिहाजा यह आयोजन उनके अभाव में ही संपन्न होने जा रहा है। मंथरा कैकेयी की निजी दासी थी, जो उसके साथ उसके मायके से आई थी। उसे उक्त आयोजन के पीछे एक भारी षड्यंत्र

दिखलाई पड़ा, जो मौका देखकर भरत की अनुपस्थिति में कार्यान्वित होने जा रहा था। आगे की बात तुलसीदास की जुबानी—

भरत मातु पहिं गइ बिलखानी। का अनमनि हसि कह हँसि रानी।
ऊतरु देइ न लेइ उसासू। नारि चरित करि ढारइ आँसू।
हँसि कह रानि गालु बड़ तोरें। दीन्ह लखन सिख अस मन मोरें।
तबहुँ न बोल चेरि बड़ि पापिनि। छाड़इ स्वास कारि जनु साँपिनि।
सभय रानि कह कहसि किन्ह कुसल रामु महिपालु।
लखनु भरतु रिपुदमनु, सुनि या कुबरी उर सालु।।

इस पर उसने कैकेयी को, जिनके मन में राम और दशरथ के लिए अतिशय प्रेम था, यह कुटिलता से भरा हुआ उत्तर दिया—

कत सिख देइ हमहि कोउ माई। गालु करब केहि कर बलु पाई।
रामहि छाड़ि कुसल केहि आजू। जेहि जनेसु देइ जुबराजू।
भयउ कौसिलहि बिधि अति दाहिन। देखत गरब रहत उर नाहिन।
देखहु कस न जाइ सब सोभा। जो अवलोकि मोर मनु छोभा।
पूतु बिदेस न सोचु तुम्हारें। जानति हहु बस नाहु हमारें।
नींद बहुत प्रिय सेज तुराई। लखहु न भूप कपट चतुराई।
सुनि प्रिय बचन मलिन मनु जानी। झुकी रानि अब रहु अरगानी।
पुनि अस कबहुँ कहसि घरफोरी। तब धरि जीभ कढ़ावउँ तोरी।
काने खोरे कूबरे कुटिल कुचाली जानि।
तिय बिसेषि पुनि चेरि कहि भरतमातु मुसुकानि।।
प्रियबादिनि सिख दीन्हउँ तोही। सपनेहुँ तो पर कोपु न मोही।
सुदिनु सुमंगल दायकु सोई। तोर कहा फुर जेहि दिन होई।
जेठ स्वामि सेवक लघु भाई। यह दिनकर कुल रीति सुहाई।
राम तिलकु जौं साँचेहुँ काली। देउँ मागु मन भावत आली।
कौसल्या सम सब महतारी। रामहि सहज सुभायँ पिआरी।
मो पर करहिं सनेहु बिसेषी। मैं करि प्रीति परीछा देखी।
जौं बिधि जनमु देइ करि छोहू। होहुँ राम सिय पूत पुतोहू।

प्रान तें अधिक रामु प्रिय मोरें। तिन्हकें तिलक छोभु कस तोरें।
भरत सपथ तोहि सत्य कहु परिहरि कपट दुराउ।
हरष समय बिसमउ करसि कारन मोहि सुनाउ।।

इसमें 'झुकी' की व्यंजना है 'डाँटकर' और 'खोरे' का अर्थ है 'लँगड़े'। कैकेयी को राम अतिशय प्रिय थे और वह उनके राजतिलक के पीछे कोई दुरभिसंधि नहीं देख रही थी, लेकिन वह मंथरा के प्रति किंचित् नरम पड़ गई थी। यह देखकर चतुर कूटनीतिज्ञ की तरह मंथरा ने अपना तर्क-जाल फैलाया–

एकहिं बार आस सब पूजी। अब कछु कहब जीभ करि दूजी।
फोरै जोगु कपारु अभागा। भलेउ कहत दुख राउरेहि लागा।
कहहिं झूठि फुरि बात बनाई। ते प्रिय तुम्हहि करुइ मैं माई।
हमहुँ कहबि अब ठकुरसोहाती। नाहिं त मौन रहब दिनु राती।
करि कुरूप बिधि परबस कीन्हा। बवा सो लुनिअ, लहिअ जो दीन्हा।
कोउ नृप होउ हमहि का हानी। चेरि छाड़ि अब होब कि, रानी !
जारै जोगु सुभाउ हमारा। अनभल देखि न जाइ तुम्हारा।
तातें कछुक बात अनुसारी। छमिअ देबि बड़ि चूक हमारी।
गूढ़ कपट प्रिय बचन सुनि तीय अधरबुधि रानि।
सुरमाया बस बैरिनिहि सुहृद जानि पतिआनि।।

तुलसी-साहित्य के प्रेमी जानते हैं कि 'फुर' शब्द का अर्थ होता है 'सच'। इसी तरह 'बवा सो लुनिअ' का अर्थ है, जो बोया, सो काटती हूँ। कैकेयी के बारे में कवि ने 'अधरबुधि' शब्द का प्रयोग किया है। इसका अर्थ है 'आधाररहित' वा 'अस्थिर'। उसके पहले 'बात अनुसारी' का प्रयोग बात चलाने के अर्थ में किया गया है। अब कैकेयी धीरे-धीरे मंथरा के जाल में फँसती जाती है। उसका चित्त-परिवर्तन कैसे होता है, तुलसीदास ने उसके मनोविज्ञान में उतरकर उसका विलक्षण वर्णन किया है। कवि के शब्दों में–

सादर पुनि पुनि पूँछति ओही। सबरी गान मृगी जनु मोही।
तसि मति फिरी अहइ जसि भाबी। रहसी चेरि घात जनु फाबी।

तुम्ह पूँछहु मैं कहत डेराऊँ। धरेहु मोर घरफोरी नाऊँ।
सजि प्रतीति बहुबिधि गढ़ि छोली। अवध साढ़साती तब बोली।
प्रिय सिय रामु कहा तुम्ह रानी। रामहि तुम्ह प्रिय सो फुरि बानी।
रहा प्रथम अब ते दिन बीते। समउ फिरें रिपु होहिं पिरीते।
भानु कमल कुल पोषनिहारा। बिनु जल जारि करइ सोइ छारा।
जरि तुम्हारि सब सवति उखारी। रूँधहु करि उपाउ बर बारी।
तुम्हहि न सोचु सोहाग बल निज बस जानहु राउ।
मन मलीन मुह मीठ नृपु राउर सरल सुभाउ।।
चतुर गँभीर राम महतारी। बीचु पाइ निज बात सँवारी।
पठए भरतु भूप ननिअउरें। राम मातु मत जानब रउरें।
सेवहिं सकल सवति मोहि नीकें। गरबित भरत मातु बल पी कें।
सालु तुम्हार कौसिलहि माई। कपट चतुर नहिं होइ जनाई।
राजहि तुम्ह पर प्रेमु बिसेषी। सवति सुभाउ सकइ नहिं देखी।
रचि प्रपंचु भूपहि अपनाई। राम तिलक हित लगन धराई।
यह कुल उचित राम कहुँ टीका। सबहि सोहाइ मोहि सुठि नीका।
आगिलि बात समुझि डरु मोही। देउ दैउ फिरि सो फलु ओही।
रचि पचि कोटिक कुटिलपन कीन्हेसि कपट प्रबोधु।
कहिसि कथा सत सवति कै जेहि बिधि बाढ़ बिरोधु।।

इसमें 'फाबी' का अर्थ है जानकर और 'बारी' का अर्थ है 'बाड़'। इसी तरह 'गढ़ि छोली' का अर्थ है 'गढ़-गूढ़कर'।

अब मंथरा कैकेयी को पूरी तरह से अपने रास्ते पर ले आई थी। तुलसीदास कहते हैं कि 'भाबी बस प्रतीति उर आई। पूँछ रानि पुनि सपथ देवाई।' मंथरा उत्तर में कहती है— 'का पूँछहु तुम्ह अबहुँ न जाना। निज हित अनहित पसु पहिचाना।' फिर वह विस्तार से कहती है :

भयउ पाखु दिन सहज समाजू। तुम्ह पाई सुधि मोहि सन आजू।
खाइअ पहरिअ राज तुम्हारें। सत्य कहें नहिं दोषु हमारें।
जौं असत्य कुछ कहब बनाई। तौ बिधि देइहि हमहि सजाई।

रामहिं तिलक कालि जौं भयऊ। तुम्ह कहुँ बिपति बीजु बिधि बयऊ।
रेख खँचाइ कहउँ बलु भाषी। भामिनि भयउ दूध कइ माखी।
जौ सुत सहित करहुँ सेवकाई। तौ घर रहहु न आन उपाई।
कद्रूँ बिनतहि दीन्ह दुखु तुम्हहिं कौसिला देव।
भरत बंदिगृह सेइहहिं लखनु राम के नेब।।

इसमें 'बिनतहि' से मतलब बिनता से है, जिसे कद्रू ने दुःख दिया था। इसी तरह 'नेब' का मतलब 'नायब' (सहकारी) है। उसके बाद कैकेयी जो कहती है, वह सामान्य स्त्री के स्वभाव से ऐसा मेल खाता है कि कवि के प्रति श्रद्धा उमड़ पड़ती है। कवि के शब्दों में—

कैकयसुता सुनत कटु बानी। कहि न सकइ कछु सहमि सुखानी।
तन पसेउ कदली जिनि काँपी। कुबरी दसन जीभ तब चाँपी।
कहि कहि कोटिक कपट कहानी। धीरजु धरहु प्रबोधिसि रानी।
फिरा करमु प्रिय लागि कुचाली। बकहि सराहइ मानि मराली।
सुनु मंथरा बात फुरि तोरी। दहिनि आँखि नित फरकइ मोरी।
दिन प्रति देखउँ राति कुसपने। कहउँ न तोहि मोह बस अपने।
काह करौं सखि सूध सुभाऊ। दाहिन बाम न जानउँ काऊ।
अपने चलत न आजु लगि अनभल काहुक कीन्ह।
केहिं अघ एकहि बार मोहि दैअँ दुसह दुखु दीन्ह।।
नैहर जनमु भरब बरु जाई। जियत न करब सवति सेवकाई।
अरि बस दैउ जिआवत जाही। मरनु नीक तेहि जीवन चाही।
दीन बचन कह बहुबिधि रानी। सुनि कुबरी तियमाया ठानी।
अस कस कहहु मानि मन ऊना। सुखु सहागु तुम्ह कहुँ दिन दूना।
जेहिं राउर अति अनभल ताका। सोइ पाइहि यहु फल परिपाका।
जब तें कुमत सुना मैं स्वामिनि। भूख न बासर नींद जामिनि।
पूँछेउँ गुनिन्ह रेख तिन्ह खाँची। भरत भुआल होहिं यह साँची।
भामिनि करहु त कहौं उपाऊ। है तुम्हरीं सेवा बस राऊ।
परउ कूप तुअ बचन पर सकहुँ पूत पति त्यागि।
कहसि मोर दुखु देखि बड़ कस न करब हित लागि।

इस उद्धरण में 'चाही' शब्द का अर्थ है 'अपेक्षा', 'गुनिन्ह' का अर्थ है ज्योतिषी और 'रेख खाँची' का अर्थ है 'गणित करके'। आगे–

कुबरीं करि कबुली कैकेई। कपट छुरी उर पाहन टेई।
लखइ न रानि निकट दुखु कैसें। चरइ हरित तिन बलिपसु जैसें।
सुनत बात मृदु, अंत कठोरी। देति मनहुँ मधु माहुर घोरी।
कहइ चेरि सुधि अहइ कि नाहीं। स्वामिनि कहिहु कथा मोहि पाहीं।
दुइ बरदान भूप सन थाती। मागहु आजु जुड़ावहु छाती।
सुतहि राजु रामहि बनबासू। देहु, लेहु सब सवति हुलासू।
भूपति राम सपथ जब करई। तब मागेहु जेहिं बचनु न टरई।
होइ अकाजु आजु निसि बीतें। बचनु मोर प्रिय मानेहु जी तें।
बड़ कुघातु करि पातकिनि कहेसि कोपगृहँ जाहु।
काज सँवारेहु सजग सबु सहसा जन पतिआहु।।

इसमें 'कबुली' का अर्थ है 'बलिपशु' और 'टेई' का 'पजाना'।

अब आप दशरथ की दयनीय अवस्था देखें। वे कैकेयी की क्रूरता और राम के प्रति प्रेम के बीच मरणांतक पीड़ा झेलते हैं। संध्या समय वे आनंदपूर्वक कैकेयी के कक्ष में गए, मानो 'गवनु निठुरता निकट किय जनु धरि देह सनेहँ'। कैकेयी कोप-गृह में थी। उन्होंने उसे काम-क्रीड़ा के रूप में देखा। तुलसीदास हरिगीतिका में कहते हैं–

केहि हेतु रानि रिसानि परसत पानि पतिहि नेवारई।
मानहुँ सरोष भुअंग भामिनि बिषम भाँति निहारई।
दोउ बासना रसना, दसन बर मरम ठाहरु देखई।
तुलसी नृपति भवतब्यता बस काम कौतुक लेखई।।

इस छंद की पहली पंक्ति निराला की 'जागो फिर एक बार' शीर्षक पहली कविता की इस पंक्ति की याद दिला देती है : 'प्यारे जगाते हुए हारे सब तारे तुम्हें'। अनुप्रास की यह कला निश्चय ही उन्होंने तुलसीदास से सीखी थी। 'ठाहरु' का अर्थ है 'स्थान'। दशरथ ने जब कैकेयी के इच्छित दोनों वरदानों को सुना, तो 'गयउ सहमि नहिं कछु कहि आवा। जनु सचान बन झपटेउ

लावा।/बिबरन भयउ निपट नरपालू। दामिनि हनेउ मनहुँ तरु तालू।' उन्होंने कैकेयी से अनुरोध किया कि वह भरत के राज्याभिषेक का वरदान मुझसे सहर्ष ले ले, लेकिन राम को वन भेजने की जिद छोड़ दे। फिर उन्होंने कहा कि 'जिऐ मीन बरु बारि बिहीना। मनि बिनु फनिकु जिऐ दुख दीना।/कहउँ सुभाउ न छलु मन माहीं। जीवनु मोर राम बिनु नाहीं।' उनकी दशा ऐसी थी कि 'हृदयँ मनाव भोरु जनि होई। रामहि जाइ कहै जनि कोई।/उदउ करहु जनि रबि रघुकुल गुर। अवध बिलोकि सूल होइहि उर।' लेकिन सूर्योदय रुक नहीं सकता था। उसके बाद राम उन्हें खोजते हुए उनके पास पहुँचे, तो 'जाइ दीख रघुबंमनि नरपति निपट कुसाजु।/सहमि परेउ लखि सिंघनिहि मनहुँ बृद्ध गजराज।' कैकेयी ने उन्हें अपने वरदानों के संबंध में बतलाया। पिता के आदेश से भरत राजा होंगे और राम चौदह वर्षों के लिए वन जाएँगे, यह उन्हें स्वर्ण-अवसर की तरह प्रतीत हुआ। उन्होंने बहुत ही सरल और सहज शब्दों में अपनी प्रसन्नता प्रकट की, लेकिन कुटिलमति कैकेयी को इसमें भी कोई छल नजर आया। कवि के शब्दों में 'चलइ जोंक जल बक्रगति जद्यपि सलिलु समान'। जब दशरथ ने देखा कि राम वन जाने के लिए तैयार हैं, तब वे शिव से यह प्रार्थना करने लगे कि–

तुम्ह प्रेरक सब के हृदयँ सो मति रामहि देहु।
बचनु मोर तजि रहहिं घर परिहरि सीलु सनेहु।।

पुनः –

अजसु होउ जग सुजसु नसाऊ। नरक परौं बरु सुरपुरु जाऊ।
सब दुख दुसह सहावहु मोही। लोचन ओट रामु जनि होंही।

एक समय था, जब हिंदी के प्रगतिशील आलोचक दशरथ की पीड़ा को राजघराने के कलह से जोड़कर देखते थे और उससे कहीं संवेदित नहीं होते थे। आज यह स्पष्ट है कि श्रेष्ठ साहित्य हमेशा वर्गों का अतिक्रमण करता है और उसमें निहित मानवीय अर्थवत्ता से पाठक-मात्र को प्रभावित करता है। तुलसीदास ने हृदय-विदारक रूप में दशरथ की पीड़ा का वर्णन किया है, यह कहने की जरूरत न होनी चाहिए। आगे हम देखेंगे कि वे राम के वियोग में ही

अपने प्राण त्याग देते हैं।

राम–वन–गमन अयोध्याकांड का एक महत्त्वपूर्ण प्रसंग है। सीता ने भी जब राम के साथ वन जाने के लिए अपनी इच्छा प्रकट की, तो पहले उन्हें कौसल्या ने समझाया, फिर राम ने, लेकिन वे किसी के आगे न झुकीं। कौसल्या राम से कहती हैं–

पलँग पीठ तजि गोद हिंडोरा। सियँ न दीन्ह पग अवनि कठोरा।
जिअनमूरि जिमि जोगवत रहऊँ। दीप बाति नहिं टारन कहऊँ।
सोइ सिय चलन चहति बन साथा। आयसु काह होइ रघुनाथा।
चंदकिरन रस रसिक चकोरी। रबि रुख नयन सकइ किमि जोरी।
करि केहरि निसिचर चरहिं दुष्ट जंतु बन भूरि।
बिष बाटिकाँ कि सोह सुत सुभग सजीवनि मूरि।।

और भी–

कै तापस तिय कानन जोगू। जिन्ह तप हेतु तजा सब भोगू।
सिय बन बसिहि तात केहि भाँती। चित्रलिखित कपि देखि डेराती।
सुरसर सुभग बनज बन चारी। डाबर जोगु कि हंसकुमारी।
अस बिचारि जस आयसु होई। मैं सिख देउँ जानकिहि सोई।

राम ने भी उन्हें समझाया–

हंसगवनि तुम्ह नहिं बन जोगू। सुनि अपजसु मोहि देइहि लोगू।
मानस सलिल सुधाँ प्रतिपाली। जिअइ कि लवन पयोधि मराली।
नव रसाल बन बिहरनसीला। सोह कि कोकिल बिपिन करीला।
रहहु भवन अस हृदयँ बिचारी। चंद्रबदनि दुखु कानन भारी।

लेकिन सीता पर इसका भी कोई असर नहीं हुआ। उन्होंने अत्यंत विनम्रता के साथ निवेदन किया–

मातु पिता भगिनी प्रिय भाई। प्रिय परिवारु सुहृद समुदाई।
सासु ससुर गुर सजन सहाई। सुत सुंदर सुसील सुखदाई।
जहँ लगि नाथ नेह अरु नाते। पिय बिनु तियहि तरनिहु ते ताते।

तनु धनु धामु धरनि पुर राजू। पति बिहीन सबु सोक समाजू।
भोग रोगसम भूषन भारू। जम जातना सरिस संसारू।
प्राननाथ तुम्ह बिनु जग माहीं। मो कहुँ सुखद कतहुँ कछु नाहीं।
जिय बिनु देह नदी बिनु बारी। तैसिअ नाथ पुरुष बिनु रानी।
नाथ सकल सुख साथ तुम्हारें। सरद बिमल बिधु बदनु निहारें।

आगे वे कहती हैं—

कंद मूल फल अमिअ अहारू। अवध सौध सत सरिस पहारू।
छिनु छिनु प्रभु पद कमल बिलोकी। रहिहउँ मुदित दिवस जिमि कोकी।
बन दुख नाथ कहे बहुतेरे। भय बिषाद परिताप घनेरे।
प्रभु बियोग लवलेस समाना। सब मिलि होहिं न कृपनिधाना।

अंत में सीता राम से कहती हैं : 'राखिअ अवध जो अवधि लगि रहत न जनिअहिं प्रान।/ दीनबंधु सुंदर सुखद सील सनेह निधान।।' इतना ही नहीं, उन्होंने उनसे यह भी कहा कि 'को प्रभु सँग मोहि चितवनिहारा। सिंघ बधुहि जिमि ससक सिआरा।/मैं सुकुमारि नाथ बन जोगू। तुम्हहिं उचित तप मो कहुँ भोगू।' आधुनिक नारीवादियों को पतिव्रता सीता का यह उत्तर पसंद नहीं आएगा, लेकिन उसमें लक्ष्य करने योग्य उनकी दृढ़ता है, जिसके आगे राम को झुकना पड़ा। राम ने जब देख लिया कि उनके बिना उनका जीवन अकल्पनीय है, तो वे उन्हें अपने साथ लेने के लिए तैयार हो गए। यह नोट करने लायक बात है कि वे राम की अनुचरी या उनकी छायामात्र नहीं थीं, क्योंकि राम हों, या लक्ष्मण, या फिर रावण, कोई उन्हें अपने पथ से विचलित नहीं कर सका। इसके अलावा ऊपर जो पंक्तियाँ उद्धृत की गई हैं, उनमें 'चंदकिरन सम रसिक चकोरी' हो, या 'चित्रलिखित कपि देखि डेराती', या 'नव रसाल बन बिहरनसीला', या फिर 'अवध सौध सत सरिस पहारू', इन उक्तियों में प्रकट होनेवाला कवित्व पाठकों के मन को मोह लेता है।

लक्ष्मण तत्त्वज्ञ भी थे, लेकिन उनका यह रूप मानस में उभरकर नहीं आया है। आचार्य शुक्ल ने लिखा है कि 'गोस्वामीजी के समान संस्कृत उक्तियों का अनुवाद करनेवाला हिंदी का और दूसरा कवि नहीं है।' आप

गीता की उक्ति 'या निशा सर्वभूतानां तस्यां जागर्ति संयमी' का यह अनुवाद देखें : 'मोह निसाँ सबु सोवनिहारा। देखिअ सपन अनेक प्रकारा।/एहिं जग जामिनि जागहिं जोगी। परमारथी प्रपंच बियोगी।' यह बात लक्ष्मण ने निषाद से तब कही थी, जब वे राम और सीता के साथ एक वृक्ष के नीचे रात्रि-निवास कर रहे थे। उन्होंने उससे यह भी कहा कि 'राम ब्रह्म परमारथ रूपा। अबिगत अलख अनादि अनूपा।'

केवट-प्रसंग कवितावली में भी आया है। वह भी अत्यंत लोकप्रिय है। तुलसीदास ने मानस में भी उसका वर्णन किया है। आप देखिए—

मागी नाव न केवटु आना। कहइ तुम्हार मरमु मैं जाना।
चरन कमल रज कहुँ सब कहई। मानुष करनि मूरि कछु अहई।
छुअत सिला भइ नारि सुहाई। पाहन तें न काठ कठिनाई।
तरनिउ मुनि घरिनी होइ जाई। बाट परइ मोरि नावु उड़ाई।
एहिं प्रतिपालउँ सबु परिवारू। नहिं जानउँ कछु अउर कबारू।
जौं प्रभु पार अवसि गा चहहू। मोहि पद पदुम पखारन कहहू।
पद कमल धोइ चढ़ाइ नाव न नाथ उतराई चहौं।
मोहि राम राउरि आन दसरथ सपथ सब साची कहौं।
बरु तीर मारहुँ लखनु पै जब लगि न पाय पखरिहौं।
तब लगि न तुलसीदास नाथ कृपाल पारु उतारिहौं।।
सुनि केवट के बैन प्रेम लपेटे अटपटे।
बिहसे करुनाऐन चितइ जानकी लखन तन।।
कृपासिंधु बोले मुसुकाई। सोइ करु जेहिं तव नाव न जाई।
बेगि आनु जल पाय पखारू। होत बिलंबु उतारहि पारू।

कहने की जरूरत नहीं कि यहाँ राम की हँसी और केवट के 'प्रेम लपेटे अटपटे बैन' गजब ढा रहे हैं, इसे पाठक महसूस करेंगे। यहाँ पर तुलसीदास कहते हैं :

जासु नाम सुमिरत एक बारा। उतरहिं नर भवसिंधु अपारा।
सोइ कृपालु केवटहि निहोरा। जेहिं जगु किय तिहु पगहुँ ते थोरा।

मुझे यह चौपाई विशेष रूप से प्रिय है। क्यों ? इसलिए कि प्रकारांतर से इसमें सर्वशक्तिमान् ईश्वर के रूप में मनुष्य की विराटता और पूर्णता की आकांक्षा प्रकट की गई है। कहने की आवश्यकता नहीं कि आज मनुष्य देश-काल पर विजय प्राप्त कर चुका है, वह चाँद पर पहुँच चुका है, अंतरिक्ष में महीनों चक्कर लगता रहता है, धरती को खँगाल रहा है, समुद्र के तल का स्पर्श कर चुका है और बहुत कम वक्त में संपूर्ण विश्व का विनाश कर सकता है। इस तरह ईश्वर की कल्पना मनुष्य को परब्रह्म के रूप में देखने की है। उक्त चौपाई की अंतिम पंक्ति में विष्णु के वामनावतार की ओर संकेत है, जिन्होंने दो डगों में पाताल और आकाश को नाप लिया था और तीसरे डग में पृथ्वी कुछ कम पड़ गई थी। 'कृपालु' विशेषण भी बहुत सटीक है, क्योंकि यह उन राम के लिए है, जिनका नाम एक बार स्मरण करने से ही मनुष्य भव-सागर पार कर जाता है।

वन के मार्ग में सीता की मुलाकात ग्राम-वधुओं से होती है। वे उनसे जानना चाहती हैं कि राम उनके कौन हैं ? उनका उत्तर अत्यधिक प्रसिद्ध है, फिर भी यहाँ उद्धरणीय है, क्योंकि उसमें भारतीय नारी का शील बोलता है—

कोटि मनोज लजावनिहारे। सुमुखि कहहु को आहिं तुम्हारे।
सुनि सनेहमय मंजुल बानी। सकुची सिय मन महुँ मुसुकानी।

फिर—

सहज सुभाय सुभग तन गोरे। नामु लखनु लघु देवर मोरे।
बहुरि बदनु बिधु अंचल ढाँकी। पिय तन चितइ भौंह करि बाँकी।

सीता और लक्ष्मण राम का अनुगमन करते हैं, तो इस तरह कि उनके चरण-चिह्नों पर उनके पाँव न पड़ें। तुलसीदास को इस सूक्ष्म और मर्मस्पर्शी वर्णन के लिए दाद देनी चाहिए—

प्रभु पद रेख बीच बिच सीता। धरति चरन मग चलति सभीता।
सीय राम पद अंक बराएँ। लखन चलहिं मगु दाहिन लाएँ।

'अंक' अर्थात् चिह्न और 'बराएँ' अर्थात् बचाते हुए। सीता डरते हुए राम के चरणचिह्नों के बीच में अपने पाँव रखती हैं और लक्ष्मण उन्हें दाहिने रखकर रास्ता चल रहे हैं।

अब हम अयोध्या की ओर लौटें। जब सुमंत्र राम, लक्ष्मण और सीता को छोड़कर वापस होने लगे, तो उनके रथ के घोड़े राम की ओर देख-देखकर व्याकुल हो उठे—

रथ हाँकेउ हय राम तन हेरि हेरि हिहिनाहिं।
देखि निषाद बिषाद बस धुनहिं सीस पछिताहिं।।

पुनः —

चरफराहिं मग चलहिं न घोरे। बन मृग मनहुँ आनि रथ जोरे।
अढ़ुकि परहिं फिरि हेरहिं पीछें। राम बियोगि बिकल दुख तीछें।
जो कह रामु लखनु बैदेही। हिंकरिं हिंकरिं हित हेरहिं तेही।
बाजि बिरह गति कहि किमि जाती। बिनु मनि फनिक बिकल जेहि भाँती।

इसमें 'अढ़ुकि' का मतलब है ठोकर खाकर गिर पड़ना। इस तरह सुमंत्र अयोध्या पहुँच गए, लेकिन दिन में उन्हें नगर-प्रवेश करने का साहस नहीं हुआ। लिहाजा वे एक वृक्ष के नीचे बैठकर साँझ होने का इंतजार करने लगे—

पैठत नगर सचिव सकुचाई। जनु मारेसि गुर बाँभन गाई।
बैठि बिटप तर दिवसु गवाँवा। साँझ समय तब अवसरु पावा।
अवध प्रबेसु कीन्ह अँधिआरें। पैठ भवन रथु राखि दुआरें।
जिन्ह जिन्ह समाचार सुनि पाए। भूप द्वार रथु देखन आए।

सुमंत्र दशरथ को देखने गए, तो उन्हें चिंताजनक स्थिति में देखा : 'जाइ सुमंत्र दीख कस राजा। अमिअ रहित जनु चंदु बिराजा।' वे अत्यंत व्याकुल होकर सुमंत्र से कहने लगे : 'सखा रामु सिय लखनु जहँ तहाँ मोहि पहुँचाउ।/ नाहिं त चाहत चलन अब प्रान कहउँ सतिभाउ।।' उन्होंने सुमंत्र से कहा था कि वे राम, लक्ष्मण और सीता को वन घुमाकर ले आएँगे, लेकिन वे खाली हाथ

लौटे और उन्हें राम का यह संदेश सुनाया कि वे उनके आदेश का पालन करके उनके चरणों में सकुशल लौट आएँगे। 'सूत बचन सुनतहिं नरनाहू। परेउ धरनि उर दारुन दाहू।/तलफत बिषम मोह मन मापा। माजा मनहु मीन कहुँ ब्यापा।' 'माजा' के बारे में कहा जा चुका है कि यह मछलियों के बीच फैलनेवाला एक रोग है, जिसका कारण पहली वर्षा के जल का फेन होता है। फिर तो 'राम राम कहि राम कहि राम राम कहि राम।/तनु परिहरि रघुबर बिरहँ राउ गयउ सुरधाम।।'

दशरथ की मृत्यु के बाद दूत भेजकर भरत और शत्रुघ्न को अयोध्या बुलवाया गया। उनसे कुछ कहने को दूत को मना कर दिया गया था। भरत पहुँचे, तो सीधे कैकेयी के पास गए। यहाँ पर कथा को आकर्षक बनाने के लिए तुलसीदास ने एक संकट-बिंदु की सृष्टि की है। जब भरत ने उससे पूछा कि पिता, सीता, लक्ष्मण और राम कहाँ हैं, तो उसके सामने एक संकट उपस्थित हो गया कि वह उन्हें सही समाचार कैसे दे? तुलसीदास बहुत आसानी से इस संकट को यह कहते हुए पार कर जाते हैं कि—

तात बात मैं सकल सँवारी। भै मंथरा सहाय बिचारी।
कछुक काज बिधि बीच बिगारेउ। भूपति सुरपति पुर पगु धारेउ।
सुनत भरतु भए बिबस बिषादा। जनु सहमेउ करि केहरि नादा।
तात तात हा तात पुकारी। परे भूमितल ब्याकुल भारी।
चलत न देखन पायउँ तोही। तात न रामहि सौंपेहु मोही।
बहुरि धीर धरि उठे सँभारी। कहु पितु मरन हेतु महतारी।
सुनि सुत बचन कहति कैकेई। मरमु पाँछि जनु माहुर देई।
आदिहु तें सब आपनि करनी। कुटिल कठोर मुदित मन बरनी।
भरतहि बिसरेउ पितु मरन सुनत राम बन गौनु।
हेतु अपनपउ जानि जियँ थकित रहे धरि मौनु।।

कैकेयी ने उन्हें समझाने की कोशिश की कि राजा की मृत्यु चिंता की बात नहीं है, क्योंकि उन्होंने पुण्य और यश कमाकर उसका पर्याप्त भोग किया। अब तुम वह सब भूलकर राज करो। आगे—

सुनि सुठि सहमेउ राजकुमारू। पाकें छत जनु लाग अँगारू।
धीरज धरि भरि लेहिं उसासा। पापिनि सबहि भाँति कुल नासा।
जौं पै कुरुचि रहि अति तोही। जनमत काहे न मारे मोही।
पेड़ काटि तैं पालउ सींचा। मीन जिअन निति बारि उलीचा।
हंसबंसु दसरथु जनकु राम लखन से भाइ।
जननी तूँ जननी भई बिधि सन कछु न बसाइ।।
जब तैं कुमति कुमत जियँ ठयऊ। खंड खंड होइ हृदय न गयऊ।
बर मागत मन भइ नहिं पीरा। गरि न जीह मुहँ परेउ न कीरा।

वे यहीं नहीं रुकते और आगे कैकेयी पर अपना कोप इस रूप में प्रकट करते हैं—

सरल सुसील धरम रत राऊ। सो किमि जानै तीय सुभाऊ।
अस को जीव जंतु जग माहीं। जेहि रघुनाथ प्रानप्रिय नाहीं।
भे अति अहित रामु तेउ तोही। को तू अहसि सत्य कहु मोही।
जो हसि सो हसि मुहँ मसि लाई। आँखि ओट उठि बैठहि जाई।
राम बिरोधी हृदय तें प्रगट किन्ह बिधि मोहि।
मो समान को पातकी बादि कहउँ कछु तोहि।।

कैकेयी ने भरत की सबसे प्रिय वस्तु और उनके मर्म-स्थल पर असह्य आघात किया था, जिससे वे अतिशय विचलित थे। उसके प्रति उनका भर्त्सना का भाव तीखा से तीखा होता जाता है और वे पुनः कहते हैं—

मातु तात कहँ देहि देखाई। कहँ सिय रामु लखनु दोउ भाई।
कैकइ कत जनमी जग माझा। जौं जनमि त भइ काहे न बाँझा।
कुल कलंकु जेहि जनमेउ मोही। अपजस भाजन प्रियजन द्रोही।
को तिभुवन मोहि सरिस अभागी। गति असि तोरि मातु जेहि लागी।
पितु सुरपुर बन रघुबर केतू। मैं केवल सब अनरथ हेतू।
धिग मोहि भयउँ बेनु बन आगी। दुसह दाह दुख दूषन भागी।

कैकेयी के आचरण से भरत को उसके प्रति जो विरक्ति हुई, वह उसके जीवन पर्यंत बनी रही। गीतावली के एक पद में भी तुलसीदास कहते

हैं : 'कैकेयी जौलों जियति रही।/तौलों बात मातुसों मुँह भरि भरत न भूलि कही।' रघुबीर सहाय ने 'दूसरा सप्तक' के अपने वक्तव्य में कहा है कि "शमशेरबहादुर का यह कहना मुझे बराबर याद रहेगा कि जिंदगी में तीन चीजों की बड़ी जरूरत है : आक्सीजन, मार्क्सवाद और अपनी शक्ल जो हम जनता में देखते हैं।" भरत जनता में प्रतिबिंबित अपना चेहरा देखकर त्रस्त हैं। आचार्य शुक्ल ने जिसे उनकी आत्मग्लानि कहा है, उसके मारे उनका बुरा हाल है। वे तरह-तरह से शपथ खाकर यह विश्वास दिलाते हैं कि उनकी माता ने जो दुरभिसंधि की, उसमें उनका कहीं कोई हाथ नहीं है। वे कहते हैं—

जे अघ मातु पिता सुत मारें। गाइ गोठ महिसुर पुर जारें।
जे अघ तिय बालक बध कीन्हें। मीत महीपति माहुर दीन्हें।
जे पातक उपपातक अहहीं। करम बचन मन भव कबि कहहीं।
ते पातक मोहि होहुँ बिधाता। जौं यहु होइ मोर मत माता।
जे परिहरि हरि हर चरन भजहिं भूतगन घोर।
तेहि कइ गति मोहि देउ बिधि जौं जननी मत मोर।।
बेचहिं बेदु धरमु दुहि लेहीं। पिसुन पराय पाप कहि देहीं।
कपटी कुटिल कलहप्रिय क्रोधी। बेद बिदूषक बिस्व बिरोधी।
लोभी लंपट लोलुपचारा। जे ताकहिं परधनु परदारा।
पावौं मैं तिन्ह कै गति घोरा। जौं जननी एहु संमत मोरा।
जे नहिं साधु संग अनुरागे। परमारथ पथ बिमुख अभागे।
जे न भजहिं हरि नरतनु पाई। जिन्हहि न हरि हर सुजसु सोहाई।
तजि श्रुतिपंथु बाम पथ चलहीं। बंचक बिरचि बेष जगु छलहीं।
तिन्ह कै गति मोहि संकर देऊ। जननी जौं यहु जानौं भेऊ।

'साकेत' में मैथिलीशरण गुप्त ने भी भरत द्वारा कैकेयी की भर्त्सना और उनकी आत्मग्लानि का बहुत सशक्त वर्णन किया है :

जी, द्विरसने ! हम सभी को मार,
कठिन तेरा उचित न्याय विचार।
. . .   . . .

धन्य तेरा क्षुधित पुत्र-स्नेह,
खा गया जो भूनकर पति-देह !
ग्रास करके अब मुझे हो तृप्त,
और नाचे निज दुराशय-दृप्त।
. . .   . . .
खर मँगा, वाहन वही अनुरूप,
देख लें सब– है यही वह भूप !

अब उनकी आत्मग्लानि देखिए–

कौन समझेगा भरत का भाव–
जब करे माँ आप यों प्रस्ताव !
री, हुआ तुझको न कुछ संकोच ?
तू बनी जननी कि हननी, सोच !

महाराज दशरथ का श्राद्ध-कर्म संपन्न करके भरत वसिष्ठ सहित अपने सभी परिजनों और ढेर-सारे पुरजनों को लेकर राम के राज्याभिषेक की संपूर्ण सामग्री के साथ चित्रकूट के लिए चले। उनके पैदल जाने से, तुलसीदास के अनुसार, 'झलका झलकत पायन्ह कैसें। पंकज कोस ओसकन जैसें।' 'झलका' अर्थात् 'फफोला'। उनके साथ सुरक्षा के लिए अयोध्या की सेना भी थी, जिससे निषाद और लक्ष्मण दोनों को भ्रम हुआ कि वे राम को मारकर निष्कंटक राज करना चाहते हैं। लेकिन भरत से मिलने पर दोनों का भ्रम दूर हो गया। यहाँ पर तुलसीदास ने राम की विह्वलता का जो वर्णन किया है, वह अत्यंत प्रभावशाली है। राम बैठे हुए जैसे किसी ध्यान में खोए थे, सो लक्ष्मण ने उनसे कहा– 'कहत सप्रेम नाइ महि माथा। भरत प्रनाम करत रघुनाथा।' फिर तो 'उठे रामु सुनि पेम अधीरा। कहुँ पट कहुँ निषंग धनु तीरा।' पीछे से जनक भी चित्रकूट पहुँचे। उन्होंने सीता के आचरण पर अत्यधिक हर्ष प्रकट किया और उन्हें यह मार्मिक वचन कहा– 'पुत्रि पबित्र किए कुल दोऊ'। राम ने अपना राज्याभिषेक कराना अस्वीकार कर दिया और वे अयोध्या लौटने को भी तैयार न हुए। अंत में जनक ने जाकर भरत से पूछा कि तुम्हारी

जो आज्ञा हो, मैं राम को जाकर बतला दूँ। भरत ने सब कुछ उन्हीं पर छोड़ दिया। यहाँ उन्होंने जिस भाषा में जनक से बात की, उसके बारे में तुलसीदास कहते हैं : 'सुगम अगम मृदु मंजु कठोरे। अरथु अमित अति, आखर थोरे।/ज्यों मुखु मुकुर मुकुरु निज पानी। गहि न जाइ अस अद्‌भुत बानी।' स्मरणीय है कि त्रिलोचन इन पंक्तियों को तुलसीदास द्वारा प्रकारांतर से की गई कविता की परिभाषा बतलाते थे। हुआ यह कि भरत राम की इच्छा के विरुद्ध न जा सके और उनकी चरण-पादुका लेकर अयोध्या लौट आए। उस चरण-पादुका को राजसिंहासन पर स्थापित कर वे नंदिग्राम में तपस्वी जीवन बिताते हुए राज्य का शासन चलाने लगे। यहाँ पर तुलसीदास ने उनकी प्रशंसा में जो कुछ कहा है, वह देखने लायक है—

भूषन बसन भोग सुख भूरी। तन मन बचन तजे तिन तूरी।
अवध राजु सुर राजु सिहाई। दसरथ धनु सुनि धनदु लजाई।
तेहिं पुर बसत भरत बिनु रागा। चंचरीक जिमि चंपक बागा।

'तिन तूरी' का मतलब है 'तृण तोड़कर' अर्थात् प्रतिज्ञा करके। कहने की आवश्यकता नहीं कि जैसे बालकांड के नायक लक्ष्मण हैं, वैसे ही अयोध्याकांड के नायक भरत। लेकिन लेख के इस खंड को समाप्त करने के पहले चित्रकूट में कैकेयी की जो स्थिति थी, उससे पाठकों को अवगत कराना जरूरी है। आचार्य शुक्ल का यह भी कहना है कि 'कैकेयी की कठोरता आकस्मिक थी, स्वभावगत नहीं।' कवि की निम्नलिखित पंक्तियों से इस कथन की पुष्टि होती है :

लखि सिय सहित सरल दोउ भाई। कुटिल रानि पछतानि अघाई।
अवनि जमहि जाचति कैकेई। महि न बीचु बिधि मीचु न देई।

4

अरण्यकांड और किष्किंधाकांड छोटे कांड हैं, इसलिए इन पर एक साथ विचार किया जा सकता है। सुतीक्ष्ण ऋषि राम के अनन्य भक्त थे। जब उन्हें पता चला कि राम और लक्ष्मण इस रास्ते से आ रहे हैं, तो उनकी विचित्र

स्थिति हुई। वे राम के दर्शनार्थ चले, लेकिन प्रेमातिरेक में विभ्रांत हो गए। तुलसीदास ने उनका विलक्षण वर्णन किया है, जो अवश्य अवलोकनीय है–

दिसि अरु बिदिसि पंथ नहिं सूझा। को मैं चलेउँ कहाँ नहिं बूझा।
कबहुँक फिरि पाछें पुनि जाई। कबहुँक नृत्य करइ गुन गाई।

राम यह दृश्य एक पेड़ की ओट में छिपकर देखते रहे। जब उन्होंने देखा कि ऋषि का प्रेम सीमा पार कर गया है, तब वे प्रकट हो गए। सुतीक्ष्ण ऋषि की दशा ऐसी थी कि भावावेश के मारे वे मार्ग में बैठ गए थे। तुलसीदास के अनुसार कटहल के काँटों की तरह उन्हें रोमांच हो आया : 'मुनि मग माझ अचल होइ बैसा। पुलक सरीर पनस फल जैसा।' यहाँ तुलसीदास ने अदृश्य को दृश्यमान बनाने के लिए उसी कला का इस्तेमाल किया है, जिसका 'मानहुँ मदन दुंदुभी दीन्ही' में। अरण्यकांड में ही शूर्पणखा-प्रसंग आता है, जिसमें राम के आदेश से लक्ष्मण उसकी नाक और कान काटकर उसे विरूप कर देते हैं। इससे एक बड़े संकट-बिंदु की सृष्टि होती है : 'ताके कर रावन कहँ मनौ चुनौती दीन्हि'। यही मानस की सारी परवर्ती कथाओं का हेतु बनता है। राक्षसों ने संगठित होकर राम पर आक्रमण किया। यहाँ पुनः तुलसीदास की भाषा शब्द और अर्थ दोनों ही स्तरों पर ठनकती है–

कोदंड कठिन चढ़ाइ सिर जट जूट बाँधत सोह क्यों।
मरकत सयल पर लरत दामिनि कोटि सों जुग भुजग ज्यों।
कटि कसि निषंग बिसाल भुज गहि चाप बिसिख सुधारि कै।
चितवत मनहुँ मृगराज प्रभु गजराज घटा निहारि कै।।

इसमें 'सयल' का अर्थ है 'शैल' और 'जुग भुजग' राम के दो बाहु हैं, जो करोड़ों बिजलियों से लड़ रहे हैं। राक्षसों की सेना 'गजराज घटा' के रूप में है, जिसे वे 'मृगराज' यानी सिंह के रूप में देखते हैं। तुलसीदास ने मारीच की गति का भी बहुत सजीव वर्णन किया है, जो भी देखने लायक है–

कबहुँ निकट पुनि दूरि पराई। कबहुँक प्रगटइ कबहुँ छपाई।
प्रगटत दुरत करत छल भूरी। यहि बिधि प्रभुहि गयउ लै दूरी।

इधर मौका पाकर रावण ने सीता का हरण कर लिया और उन्हें अपने विमान पर बैठाकर लंका के लिए चल दिया। यहाँ दो वर्णन उल्लेखनीय हैं। एक तो सीता की दृढ़ता, जिससे न चाहते हुए भी लक्ष्मण को उन्हें अकेली छोड़कर मारीच की छलपूर्ण पुकार पर राम के पास जाना पड़ा, और सीता-हरण के पहले रावण की दशा। हम रावण की दशा का वर्णन देखें :

जाकें डर सुर असुर डेराहीं। निसि न नीद दिन अन्न न खाहीं।
सो दससीस स्वान की नाईं। इत उत चितइ चला भड़िहाईं।

'भड़िहाईं' का मतलब है कुत्ते द्वारा चोरी करना, जो हाँड़ी वगैरह में मुँह डालकर उसे ले भागता है। कहना व्यर्थ है कि तुलसीदास का संस्कृत, हिंदी और लोकभाषा के शब्दों पर अखंड प्रभुत्व था।

तुलसीदास की यह उक्ति प्रसिद्ध है कि 'नानापुराणनिगमागमसम्मतं यद् रामायणे निगदितं क्वचिदन्यतोऽपि'। विद्वानों ने इस बात की खोज की है कि रामचरितमानस के स्रोत संस्कृत के कौन-कौन-से ग्रंथ हैं। वे वाल्मीकि रामायण, अध्यात्म रामायण, भुशुण्डि-रामायण, लोमशरामायण, हनुमन्ननाटक और प्रसन्नराघव नाटक तक ही नहीं, रामतापिनी आदि उपनिषदों, शिवपुराण, पद्मपुराण और श्रीमद्भावगतपुराण तक गए हैं, लेकिन उन्होंने कालिदास के विक्रमोर्वशीय नाटक को नहीं देखा। सीता के विरह में राम जो भटकते हैं और वन के जीव-जंतुओं से उनका पता पूछते चलते हैं, वह सीधे कालिदास के उक्त नाटक से लिया गया है। वन में जब उर्वशी स्त्रियों के लिए निषिद्ध कुमार वन में चली गई और वहाँ लता-रूप में परिणत हो गई, तो पुरूरवा उसके वियोग से बहुत व्याकुल हुआ। वह वन की सभी वस्तुओं से उसके बारे में पूछता चला। मैं उसके कुछ उद्धरण नीचे दे रहा हूँ—

1. अरे हंस ! तुम क्या छिपा रहे हो ? मैंने तुम्हारी चाल को देखकर सब अनुमान लगा लिया है। बतलाओ, यह सुंदर चाल तुम्हें किसने सिखलाई ? इससे प्रमाणित होता है कि तुमने निश्चय ही जाँघों के भार से अलसाई हुई मेरी उस पत्नी को देखा है।

2. गोरोचन तथा केसर के सदृश वर्णवाले हे चकवे ! तू मुझे

बतला, तूने वसंतऋतु के सुहावने दिनों में खेल करती हुई सौभाग्यवती उस मेरी पत्नी को कहीं नहीं देखा ? हे चक्रवाक ! चक्र के समान गोल नितंब भागवाली प्रेयसी से वियुक्त सैकड़ों कामनाओं से युक्त यह रथवाला मैं तुमसे पूछ रहा हूँ।

3. हे विशाल ढालोंवाले पर्वत ! क्या अल्प कुचांतरवाली अस्थियों के जोड़ों पर अवनत, पृथु नितंबवाली मेरी प्रिया उर्वशी इस कामवन में आई है ?

4. जघनस्थल के भार से धीरे-धीरे चलनेवाली, स्थूल, ऊँचे तथा परस्पर जुटे हुए स्तनोंवाली, कृशोदरी, हंस के समान चालवाली, हरिणी के सदृश नेत्रोंवाली, स्थिरयौवना देवसुंदरी उर्वशी को आकाश के समान उज्ज्वल वन में घूमती हुई तुमने यदि देखा है, तो मुझे विरह रूपी दुःख-समुद्र से पार कर दो।

5. हे हे संगमनीय मणे ! यदि तुम क्षीण कटिवाली उस प्रिया उर्वशी से वियुक्त मेरा मिलाप करा दोगी, तो मैं तुम्हें उसी प्रकार शिरोधार्य कर लूँगा, जैसे कि भगवान् शिव ने बालचंद्र को अपने सिर पर धारण किया है।

अब आप अरण्यकांड में राम के विरहाकुल मानवीय रूप का दर्शन करें, जो थोड़े-बहुत अंतर के साथ पुरूरवा की उक्त उक्तियों से प्रभावित है—

हे खग मृग हे मधुकर श्रेनी। तुम्ह देखि सीता मृगनैनी।
खंजन सुख कपोत मृग मीना। मधुप निकर कोकिला प्रबीना।
कुंद कली दाड़िम दामिनी। कमल सरद ससि अहिभामिनी।
बरुन पास मनोज धनु हंसा। गज केहरि निज सुनत प्रसंसा।
श्रीफल कनक कदलि हरषाहीं। नेकु न संक सकुच मनमाहीं।
सुनु जानकि तोहि बिनु आजू। हरषे सकल पाइ जनु राजू।
किमि सहि जात अनख तोहि पाहीं। प्रिया बेगि प्रगटसि कस नाहीं।
एहि बिधि खोजत बिलपत स्वामी। मनहुँ महा बिरही अति कामी।

पहली अर्धाली को छोड़ दें, तो बाकी पंक्तियों पर विक्रमोर्वशीय नाटक का प्रभाव स्पष्ट है। खंजन, शुक, कपोत, मृग, मीन, कोकिला, दाड़िम, दामिनी,

कमल, शरद-शशि, नागिनी, मनोज-धनु, हंस, गज, केहरी, श्रीफल, कनक-कदली आदि सभी नारी-अंगों के उपमान हैं, जो अपने को मात देनेवाली सीता के अभाव में आज हर्षित हैं। तुलसीदास ने अंतिम पंक्ति में राम को 'महाविरही' ही नहीं, स्पष्टतः 'अतिकामी' भी कहा है, जो अपनी सुंदरी पत्नी के वियोग में अतिशय व्यथित हैं। उनकी स्थिति अत्यंत दयनीय है। उन्हें देखकर मृग-समूह भागते हैं, जबकि वे नरों का ही शिकार करते थे, मादाओं का नहीं। मादाएँ जैसे उन पर व्यंग्य करती हैं। कहते हैं, 'हमहि देखि मृग निकर पराहीं। मृगीं कहहिं तुमको भय नाहीं।/तुम्ह आनंद करहु मृग जाए। कंचनमृग खोजन ये आए।'

किष्किंधाकांड में बालि-वध करके और सुग्रीव को राजा बनाकर राम ने उसे आदेश दिया कि वर्षाऋतु बीत जाने के बाद वह दसों दिशाओं में अपने दूत भेजकर सीता का पता लगाए और स्वयं वे वर्षा व्यतीत करने के लिए प्रवर्षन गिरि पर चले गए। वहाँ राम का कोमल मानवीय रूप दिखलाई पड़ता है, जब वे वर्षाऋतु का वर्णन करते हुए लक्ष्मण से कहते हैं : 'घन घमंड नभ गरजत घोरा। प्रिया हीन डरपत मन मोरा।' तुलसीदास इसके लिए बदनाम हैं कि उन्होंने प्रकृति का स्वतंत्र रूप में नहीं, बल्कि दृष्टांत-निरूपण के लिए वर्णन किया है। लेकिन थोड़े-से शब्दों में वे जो प्रकृति का वातावरण खड़ा करते हैं, वे बड़े कवि के वश की ही बात है। एक दो उदाहरण—

1. *वर्षा काल मेघ नभ छाए। गरजत लागत परम सुहाए।*

   . . . .

   दादुर धुनि चहु दिसा सुहाई। बेद पढ़हिं जनु बटु समुदाई।

2. *बरषा बिगत सरद रितु आई। लछिमन देखहु परम सुहाई।*
   फूलें कास सकल महि छाई। जनु बरषाँ कृत प्रगट बुढ़ाई।

वर्षा व्यतीत हो जाने के बाद सीता के लिए राम की व्याकुलता बढ़ गई, क्योंकि सुग्रीव ऐश्वर्य-भोग में लिप्त होकर उनके काम को भूल गया। उनका क्रोध स्वाभाविक था। उन्होंने लक्ष्मण से कहा—

बरषा गत निर्मल रितु आई। सुधि न तात सीता कै पाई।
एक बार कैसेहुँ सुधि जानौं। कालहु जीति निमिष महुँ आनौं।
कतहुँ रहउ जौं जीवति होई। तात जतन करि आनउँ सोई।
सुग्रीवहुँ सुधि मोरि बिसारी। पावा राज कोस पुर नारी।
जेहिं सायक मारा मैं बाली। तेहिं सर हतौं मूढ़ कहँ काली।

लेकिन राम पत्नी-प्रेम में अंधे नहीं हो गए थे, इसलिए जब लक्ष्मण धनुष चढ़ाकर हाथ में बाण लिए चले,-

तब अनुजहि समुझावा रघपति करुना सींव।
भय देखाइ लै आवहु तात सखा सुग्रीव।।

तत्पश्चात् सुग्रीव ने बंदरों और भालुओं को सख्त आदेश दिया कि तुमलोग एक महीने के भीतर सीता का पता लगाकर आओ, वर्ना मैं तुम्हें मार डालूँगा। सारे बंदर-भालू समुद्र-तट पर एकत्र हुए। उन्हें संपाती ने बतलाया कि दूर तक देखने के कारण मैं देख रहा हूँ कि सीता लंका में अशोक-वाटिका में हैं। समुद्र लाँघने की क्षमता केवल हनुमान में थी, सो जामवंत ने उन्हें इसके लिए प्रेरित किया। यहाँ तुलसीदास ने जामवंत और हनुमान का जो संवाद लिखा है, वह देखने लायक है-

कवन सो काज कठिन जग माहीं। जो नहिं होइ तात तुम्ह पाहीं।
राम काज लगि तव अवतारा। सुनतहिं भयउ पर्बताकारा।
कनक बरन तन तेज बिराजा। मानहुँ अपर गिरिन्ह कर राजा।
सिंहनाद करि बारहिं बारा। लीलहिं नाघउँ जलनिधि खारा।
सहित सहाय रावनहि मारी। आनउँ इहाँ त्रिकूट उपारी।
जामवंत मैं पूँछउँ तोही। उचित सिखावनु दीजहु मोही।
एतना करहु तात तुम्ह जाई। सीतहि देखि कहहु सुधि आई।
तब निज भुज बल राजिवनैना। कौतुक लागि संग कपि सेना।

अंतिम चौपाई का अर्थ यह है कि तुम सिर्फ सीता का पता लगाकर आओ, फिर राम अपने बाहुबल से केवल खेल के लिए वानरों की सेना साथ लेंगे, यानी राक्षसों का संहार कर स्वयं सीताजी को ले आएँगे।

सुंदरकांड उक्त दोनों कांडों की तुलना में आकार में थोड़ा बड़ा है, लेकिन उस पर भी इसी खंड में विचार करना प्रासंगिक होगा। मानस-प्रेमी सुंदरकांड में प्रयुक्त 'सुंदर' शब्द को लेकर हमेशा पृच्छाशील रहते हैं, पर जैसा कि शुरू में संकेत किया गया है, मानस के सोपानों को भी जनता वाल्मीकीय रामायण के प्रभाव से कांड कहना ही पसंद करती है। राणाप्रसाद शर्मा अपने ग्रंथ 'पौराणिक कोश' (ज्ञानमंडल, वाराणसी) में सुंदरकांड के बारे में कहते हैं : 'रामायण के सात कांडों में से एक जिसका नामकरण लंका के सुंदर पर्वत के नाम पर हुआ'। मानस के किष्किंधाकांड-जैसे कांड में त्रिकूट पर्वत का तो अनेक बार जिक्र हुआ है, लेकिन सुंदर पर्वत का जिक्र मुझे कहीं देखने को नहीं मिला, जबकि वह त्रिकूट पर्वत से भिन्न पर्वत है, निश्चय ही पौराणिक। इससे अधिकांश पंडितों के बीच प्रचलित यह मत ही अधिक उपयुक्त प्रतीत होता है कि सुंदरकांड का यह नाम इसलिए है कि इसमें अनेक सुंदर घटनाएँ घटती हैं, जैसे हनुमान द्वारा समुद्र को लाँघना, सीता का पता लगाना, अशोक-वाटिका को उजाड़ना, रावण-पुत्र अक्षयकुमार का वध, विभीषण से परिचय तथा उनकी सहायता, लंका-दहन, फिर हनुमान का लौटकर राम के पास आना और उन्हें सीता के अन्वेषण का प्रसन्नतादायक समाचार सुनाना। 'सुंदर' का मन पर पड़नेवाला प्रभाव 'प्रसन्न' ही होता है। इसकी पुष्टि इस बात से भी होती है कि आनंदरामायण और भट्टिकाव्य में 'सुंदरकांड' की जगह 'प्रसन्नकांड' का प्रयोग किया गया है। संस्कृत के एक श्लोक में हनुमान को भी 'सुंदर' कहा गया है, लेकिन वह उनका विशेषण है, पर्याय नहीं, इसलिए हनुमान पर इस कांड का नाम 'सुंदरकांड' रखने का कोई मतलब नहीं है। जब हनुमान लंका पहुँचे, तो उसके प्रताप को देखकर विस्मित रह गए। अत्यंत ओजस्वी भाषा में तुलसीदास कहते हैं—

कनक कोट बिचित्र मनि कृत सुंदरायतना घना।
चउहट्ट हट्ट सुबट्ट बीथीं चारु पुर बहु बिधि बना।
गज बाजि खच्चर निकर पदचर रथ बरूथन्हि को गनै।
बहुरूप निसिचर जूथ अतिबल सेन बरनत नहिं बनै।।

'सुंदरायतना' का मतलब है बहुत-से सुंदर-सुदर घर। 'चउहट्ट हट्ट सुबट्ट' इस प्रयोग से पता चलता है कि तुलसीदास शब्दों को अपेक्षित रूप देने के लिए उन्हें अपनी जरूरत के मुताबिक ढाल लेते थे। इसके लिए जिस सृजनात्मक साहस की जरूरत है, वह उनमें भरपूर था। लंका के द्वार पर लंकिनी नाम की एक राक्षसी थी। हनुमान मच्छर के समान लघुरूप धारण कर उसमें प्रवेश करना चाहते थे कि उसने निरादरपूर्वक उन्हें रोका। तत्पश्चात् 'मुठिका एक महा कपि हनी। रुधिर बमत धरनीं ढनमनी।' विभीषण के निर्देश से वे सीता के पास पहुँचे और वृक्ष के पत्तों में छिपकर उन्हें देखने लगे। तुलसीदास के शब्दों में :

देखि मनहि महुँ कीन्ह प्रनामा। बैठेहिं बीति जात निसि जामा।
कृस तनु सीस जटा एक बेनी। जपति हृदयँ रघुपति गुन श्रेनी।
निज पद नयन दिएँ, मन राम पद कमल लीन।
परम दुखी भा पवनसुत देखि जानकी दीन।।

इसी समय ढेर सारी बनी-ठनी स्त्रियों के साथ रावण वहाँ पहुँचा—

बहु बिधि खल सीतहि समुझावा। साम दान भय भेद देखावा।
कह रावनु सुनु सुमुखि सयानी। मंदोदरी आदि सब रानी।
तव अनुचरीं करउँ पन मोरा। एक बार बिलोकु मम ओरा।
तृण धरि ओट कहति बैदेही। सुमिरि अवधपति परम सनेही।
सुनु दसमुख खद्योत प्रकासा। कबहुँ कि नलिनी करइ बिकासा।
अस मन समुझु कहति जानकी। खल सुधि नहीं रघुबीर बान की।
सठ सूनें हरि आनेहि मोही। अधम निलज्ज लाज नहिं तोही।
आपुहि सुनि खद्योत सम रामहि भानु समान।
परुष बचन सुनि काढ़ि असि बोला अति खिसिआन।।
सीता तैं मम कृत अपमाना। कटिहउँ तव सिर कठिन कृपाना।
नाहिं त सपदि मानु मम बानी। सुमुखि होति न त जीवन हानी।

रावण को सीता जो उत्तर देती हैं, उससे फिर एक बार उनकी दृढ़ता झलकती है—

स्याम सरोज दाम सम सुंदर। प्रभु भुज करि कर सम दसकंधर।
सो भुज कंठ कि तव असि घोरा। सुनु सठ अस प्रवान पन मोरा।
चंद्रहास हरु मम परितापं। रघुपति बिरह अनल संजातं।
सीतल निसित बहसि बर धारा। कह सीता हरु मम दुख भारा।
सुनत बचन पुनि मारन धावा। मयतनयाँ कहि नीति बुझावा।
कहेसि सकल निसिचरिन्ह बोलाई। सीतहि बहुबिधि त्रासहु जाई।
मास दिवस महुँ कहा न माना। तो मैं मारबि काढ़ि कृपाना।

रावण की तलवार का नाम 'चंद्रहास' था। 'चंद्रहास हरु मम परितापं। रघुपति बिरह अनल संजातं' यह 'प्रसन्नराघव' की उक्ति है, जिसे तुलसीदास ने अपने हलके स्पर्श से अत्यधिक संवेद्य बना दिया है। जब रावण और बाकी सारी स्त्रियाँ चली गईं, तो यह सोचकर कि रावण उन्हें एक महीने में मार डालेगा, उन्होंने त्रिजटा नामक राक्षसी से, जो उनके प्रति सहानुभूति रखती थी, कहा—

तजौं देह करु बेगि उपाई। दुसह बिरहु अब नहिं सहि जाई।
आनि काठ रचु चिता बनाई। मातु अनल पुनि देहि लगाई।
सत्य करहि मम प्रीति सयानी। सुनै को श्रवन सूल सम बानी।
सुनत बचन पद गहि समुझाएसि। प्रभु प्रताप बल सुजसु सुनाएसि।
निसि न अनल मिल सुनु सुकुमारी। अस कहि सो निज भवन सिधारी।

सीता अकेली रह जाती हैं और अपने भाग्य को दोष देने लगती हैं—

कह सीता बिधि भा प्रतिकूला। मिलिहि न पावक मिटिहि न सूला।
देखिअत प्रगट गगन अंगारा। अवनि न आवत एकउ तारा।
पावकमय ससि स्रवत न आगी। मानहुँ मोहि जानि हतभागी।
सुनहि बिनय मम बिटप असोका। सत्य नाम करु हरु मम सोका।
नूतन किसलय अनल समाना। देहि अगिनि जनि करहि निदाना।
देखि परम बिरहाकुल सीता। सो छन कपिहि कलप सब बीता।
कपि करि हृदयँ बिचार दीन्हि मुद्रिका डरि तब।
जनु असोक अंगार दीन्ह हरषि उठि कर गहेउ।।

तुलसीदास ने यहाँ बहुत नाटकीय ढंग से कथा के दो सूत्रों को मिलाया है। जब हनुमान प्रकट हुए, तो राम का कुशल-समाचार जानने के बाद सीता ने उनसे कहा कि वे तो मुझे भूल ही गए। तब उन्होंने राम का संदेश दिया, जो उनके अत्यंत संवेदनशील मानवीय रूप का परिचायक है,-

कहेउ राम बियोग तव सीता। मो कहुँ सकल भए बिपरीता।
नव तरु किसलय मनहुँ कृसानू। कालनिसा सम निसि, ससि भानू।
कुबलय बिपिन कुंत बन सरिसा। बारिद तपत तेल जनु बरिसा।
जे हित रहे करत तेइ पीरा। उरग स्वास सम त्रिबिध समीरा।
कहेहू तें कछु दुख घटि होई। काहि कहौं यह जान न कोई।
तत्त्व प्रेम कर मम अरु तोरा। जानत प्रिया एकु मनु मोरा।
सो मन सदा रहत तोहि पाहीं। जानु प्रीति रसु एतनेहि माहीं।

राम के इस संदेश से सीता बेसुध हो उठीं। हनुमान ने उन्हें समझाया कि उनकी तरफ से जो भी विलंब हुआ, वह इसलिए कि आपका पता नहीं चल रहा था। सीता को राक्षसी सेना के बल के आगे वानरी सेना के बल पर विश्वास नहीं हो रहा था। उन्होंने हनुमान से कहा 'मोरें हृदय परम संदेहा। सुनि कपि प्रगट कीन्हि निज देहा।/कनक भूधराकार सरीरा। समर भयंकर अतिबल बीरा।/सीता मन भरोस तब भयऊ। पुनि लघु रूप पवनसुत लयऊ।' फिर वे उनके आदेश से क्षुधा-तृप्ति के लिए रावण के नंदन-वन अशोक-वाटिका में घुसकर फल खाने और पेड़ तोड़ने लगे। उन्होंने सभी रखवालों और सभी राक्षसों को, जो उन्हें रोकने के लिए आए, मार डाला। उन्हीं में रावण का पुत्र अक्षयकुमार भी था। अंत में रावण ने अपने पुत्र महान् योद्धा मेघनाद को भेजा, जिसे हनुमान ने अपने मुष्टिका-प्रहार से मूर्च्छित कर दिया। तत्पश्चात् उसने उन पर ब्रह्मास्त्र का प्रयोग किया, जिसकी प्रतिष्ठा-रक्षा के लिए वे उसके नागपाश में बँध गए। वह उन्हें रावण के पास ले गया। हनुमान ने विनयपूर्वक रावण को समझाया कि राम के ऊपर कोई देवी-देवता नहीं हैं, इसलिए वह उन्हें क्षमा-याचनापूर्वक सीता को लौटा दे। वे उसे अवश्य अपनी शरण में ले लेंगे। लेकिन रावण को ये बातें पसंद नहीं आईं। वह उन्हें

मारने के लिए दौड़ा। तभी विभीषण वहाँ पहुँच गए और उन्होंने उसे दूत को मारने से मना किया। सभी राक्षसों ने रावण को सलाह दी कि बंदरों को अपनी पूँछ पर बहुत ममता होती है, इसलिए उसकी पूँछ में कपड़े लपेटकर और उस पर तेल छिड़ककर उसमें आग लगा दी जाए। हनुमान ने यहाँ एक लीला की। तुलसीदास कहते हैं कि 'रहा न नगर बसन घृत तेला। बाढ़ी पूँछ कीन्ह कपि खेला।' जब उसमें आग लगा दी गई, तब लघु रूप धारण कर वे बंधन से निकल गए। उसके बाद वे लंका की अटारियों पर चढ़ गए और विभीषण के घर को छोड़कर बाकी सभी घरों में आग लगा दी। संपूर्ण लंका धू-धू कर जल उठी। तुलसीदास पुनः कहते हैं, 'हरि प्रेरित तेहि अवसर चले मरुत उनचास।/अट्टहास करि गर्जा कपि बढ़ि लाग अकास।'

लंका को क्षार में मिलाकर अपनी पूँछ की आग बुझाने और अपने श्रम के परिहार के लिए हनुमान समुद्र में कूद पड़े। तत्पश्चात् स्वाभाविक रूप में आकर वे हाथ जोड़कर सीता के पास आ खड़े हुए और राम के लिए उनसे कोई चिह्न माँगा। सीता ने अपनी चूड़ामणि दी, जिसे उन्होंने शिरोधार्य किया। अब उन्होंने पुनः समुद्र पर छलाँग लगाई और इस पार आ गए। इस पार आकर उन्होंने बंदरों को देखकर जोरों से किलकिलाहट अर्थात् हर्षसूचक नाद किया। राम को उन्होंने सीता की चूड़ामणि दी, जिसे उन्होंने अपने हृदय से लगा लिया। फिर उन्होंने पूरा हाल सुनाया। अब लंका के लिए वानरी सेना लेकर कूच करने की बारी थी। बंदर और भालू अतिशय उत्साह में भरे हुए दिग्गजों को डगमगाते हुए लंका के लिए चले। तुलसीदास की ठनकारयुक्त भाषा में—

चिक्करहिं दिग्गज डोल महि गिरि लोल सागर खरभरे।
मन हरष सभ गंधर्ब सुर मुनि नाग किंनर दुख टरे।
कटकटहिं मर्कट बिकट भट बहु कोटि कोटिन्ह धावहीं।
जय राम प्रबल प्रताप कोसलनाथ गुन गन गावहीं।।

इस प्रकार राम वानरी सेना के साथ समुद्रतट पर पहुँचे।

इधर जबसे हनुमान लंका–दहन कर गए, सभी राक्षस संशकित थे। वे सभी सोच रहे थे कि अब राक्षस–कुल की रक्षा का कोई उपाय नहीं है। जिसका दूत ऐसा है, वह स्वयं कितना शक्तिशाली होगा। रावण की पत्नी मयसुता मंदोदरी को विशेष अकुलाहट हुई। उसने–

रहसि जोरि कर पति पग लागी। बोली बचन नीति रस पागी।
कंत करष हरि सन परिहरहू। मोर कहा अति हित हियँ धरहू।
समुझत जासु दूत कइ करनी। स्रवहिं गर्भ रजनीचर घरनी।
तासु नारि निज सचिव बोलाई। पठवहु कंत जो चहहु भलाई।
तव कुल कमल बिपिन दुखदाई। सीता सीत निसा सम आई।
सुनहु नाथ सीता बिनु दीन्हें। हित न तुम्हार संभु अज कीन्हें।
राम बान अहि गन सरिस निकर निसाचर भेक।
जब लगि ग्रसत न तब लगि जतनु करहु तजि टेक।।

इस विवेकपूर्ण परामर्श से मंदोदरी का चरित्र जितना ऊपर उठ जाता है, रावण का उतना ही नीचे गिर जाता है, क्योंकि उसने अहंकारवश उसके परामर्श को ठुकराकर राजसभा के लिए प्रस्थान कर दिया। उपर्युक्त उद्धरण की पहली चौपाई में 'रहसि' शब्द का अर्थ है एकांत में और 'करष' का 'विरोध'। राजसभा में पहुँचकर रावण ने अपने सचिवों से राय माँगी, जिन्होंने उससे कहा कि जब सुरों और असुरों को हमने बिना श्रम के जीत लिया, तो नर–वानर कौन चीज हैं ? इसी समय वहाँ विभीषण पहुँचे और उन्होंने अत्यंत विनय के साथ रावण को समझाने की कोशिश की कि राम नर नहीं, बल्कि परब्रह्म विष्णु के अवतार हैं, इसलिए उन्हें सीता को लौटाकर उनकी शरण में चले जाने में ही कल्याण है। इस पर रावण कुपित हो उठा और 'मम पुर बसि तपसिन्ह पर प्रीती। सठ मिलु जाइ तिन्हहि कहु नीती।/अस कहि कीन्हेसि चरन प्रहारा। अनुज गहे पद बारहिं बारा।' आप निराला की कविता 'राम की शक्ति–पूजा' की ये पंक्तियाँ याद कीजिए : 'रावण, रावण, लंपट,/खल,/ कल्मष–गताचार,/जिसने हित कहते किया मुझे पाद–प्रहार'। विभीषण वहाँ से सीधे राम की शरण में पहुँचे, जिन्होंने स्नेहपूर्वक उन्हें अपने पास में बैठाया

और उनका राजतिलक कर दिया। अब वे लंकेश हो गए। विभीषण के सुझाव से उन्होंने समुद्र की आराधना शुरू की, जिससे उनकी सेना पार उतर सके। यह बात लक्ष्मण को पसंद नहीं आई। उन्होंने राम से कहा : 'नाथ दैव कर कवन भरोसा। सोषिअ सिंधु करिअ मन रोषा।' राम तीन दिनों तक समुद्र की आराधना करते रहे, लेकिन उस पर उनकी विनय का कोई असर नहीं हुआ। फिर उन्होंने कहा– 'लछिमन बान सरासन आनू। सोषौं बारिधि बिसिख कृसानू'। उसके बाद समुद्र सोने की थाली में मणियों की भेंट लेकर विप्र–रूप में उनके सम्मुख उपस्थित हुआ और पूछने पर उन्हें सलाह दी कि नल और नील की सहायता से आप समुद्र पर सेतु बँधवाएँ, क्योंकि उनमें क्षमता है कि उनके स्पर्श से पहाड़ भी जल पर तैर जाते हैं। जहाँ तक बन पड़ेगा, मैं उनकी सहायता करूँगा। कहने की आवश्यकता नहीं कि सुंदरकांड के नायक हनुमान हैं।

5

लंकाकांड के, जो वाल्मीकीय रामायण का युद्धकांड है, पूर्वार्ध के नायक अंगद हैं और उत्तरार्ध के स्वयं राम। राम जब वानरी सेना के साथ समुद्र पार कर लंका पहुँचे, तो उन्होंने सुवेल पर्वत पर अपना शिविर बनाया और बंदरों और भालुओं को आदेश दिया कि वे जाकर फल–मूल खाएँ। बंदर फल खाते थे और पर्वतों के शिखरों को लंका की ओर फेंकते थे। जो भी राक्षस इधर–उधर उनकी पकड़ में आ जाता था, वे अपने दाँतों से उसकी नाक और कान काट लेते थे। ऐसे सभी राक्षसों ने जाकर रावण से शिकायत की। रावण को जब यह पता चला कि राम ने समुद्र पर बाँध बाँध लिया, तो वह घोर आश्चर्य में पड़ गया। मंदोदरी ने जब यह सुना, तो वह रावण को अपने भवन में ले गई और उससे कहा–

रामहि सौंपि जानकी नाइ कमल पद माथ।
सुत कहुँ राज समर्पि बन जाइ भजिअ रघुनाथ।।

लेकिन उस पर उसका कोई असर नहीं हुआ। वह उसे छोड़कर फिर राजसभा में आ गया और पुनः अपने मंत्रियों की राय जाननी चाही कि शत्रु से कैसे

निपटा जाए ? मंत्रियों ने उत्तर दिया कि हे नाथ, आप बार-बार यह सवाल क्यों कर रहे हैं ? 'नर कपि भालु अहार हमारा', फिर डर की क्या बात है ? लेकिन रावण के प्रहस्त नामक पुत्र ने हाथ जोड़कर उससे निवेदन किया : आपके सारे मंत्री ठकुरसोहाती कह रहे हैं। समुद्र लाँघकर एक बंदर आया था, जिसकी करनी को कोई भूल नहीं पाया है। फिर उसने मंत्रियों से कहा : 'छुधा न रही तुम्हहि तब काहू। जारत नगरु कस न धरि खाहू।' उसने भी रावण को यही सलाह दी कि सीता को लौटाकर वह राम से युद्ध को टाल दे। लेकिन रावण उलटे उस पर कुपित हो गया और संध्या समय अपनी बीसों भुजाओं को निहारता हुआ अपने भवन को चला गया। लंका की चोटी पर रावण की नृत्यशाला थी। वह वहाँ जाकर अपना गुण-गान सुनने में मस्त हो गया। राम ने दक्षिण दिशा की ओर देखा और विभीषण से कहा कि बादल घुमड़ रहे हैं, धीरे-धीरे गरज रहे हैं और बिजली चमक रही है। लगता है कि जोरों की वर्षा होगी, जिसमें ओले पड़ेंगे। विभीषण ने उन्हें उत्तर दिया कि—

छत्र मेघडंबर सिर धारी। सोइ जनु जलद घटा अति कारी।
मंदोदरी श्रवन ताटंका। सोइ प्रभु जनु दामिनी दमंका।
बाजहिं ताल मृदंग अनूपा। सोइ रव मधुर सुनहु सुरभूपा।

अर्थात् रावण ने सिर पर जो विशाल और काला छत्र धारण कर रखा है, वही बादलों की काली घटा है, मंदोदरी के कानों में जो कर्णाभूषण हैं, वही मानो बिजली की चमक है, और आप जो बादलों का मधुर गर्जन सुन रहे हैं, वह मृदंग की ठनक है। इसमें 'दमंका' शब्द तुलसीदास की उस क्षमता का सूचक है, जिससे वे जरूरत पड़ने पर शब्दों को लट्टू की तरह नचाते हैं। राम ने अपना धनुष उठाया और उस पर एक बाण रखकर उसे नृत्यशाला का लक्ष्य कर छोड़ दिया। पूरी नृत्यशाला जमीन पर लुढ़क गई। मंदोदरी ने इसे महा अपशकुन माना और रावण से कहा—

पद पाताल सीस अज-धामा। अपर लोक अँग अँग बिश्रामा।
भृकुटि बिलास भयंकर काला। नयन दिवाकर कच घन माला।

जासु घ्रान अस्विनीकुमारा। निसि अरु दिवस निमेष अपारा।
श्रवन दिसा दस बेद बखानी। मारुत स्वास निगम निज बानी।
अधर लोभ जम दसन कराला। माया हास बाहु दिगपाला।
आनन अनल अंबुपति जीहा। उतपति पालन प्रलय समीहा।
रोम राजि अष्टादस भारा। अस्थि सैल सरिता नस जारा।
उदर उदधि अधगो जातना। जगमय प्रभु, का बहु कलपना।
अहंकार सिव बुद्धि अज मन ससि चित्त महान।
मनुज बास सचराचर रूप राम भगवान।।
अस बिचारि सुनु प्रानपति प्रभु सन बयरु बिहाइ।
प्रीति करहु रघुबीर पद मम अहिवात न जाइ।।

इस उद्धरण में राम की विराट् कल्पना तो मनुष्य की कल्पनाशक्ति की पराकाष्ठा है ही, इसमें आनेवाले शब्द 'समीहा' का अर्थ है चेष्टा अथवा क्रिया और 'अधगो' शब्द का अर्थ है नीचे की इंद्रियाँ।

आगे राम ने अंगद को दूत बनाकर रावण के पास भेजा। रास्ते में रावण का एक बेटा उससे उलझ पड़ा, जिसे उसने भूमि पर पटककर मार डाला। दिलचस्प यह है कि पूरे नगर में यह शोर हो गया कि जिस बंदर ने लंका को जलाया था, वह फिर आन पहुँचा है। सभी इतने डर गए कि वे उसे देखकर डर के मारे सूख जाते थे और बिना पूछे रास्ता बतला देते थे। अंगद रावण की सभा में पहुँचा। मानस में तीन महत्त्वपूर्ण संवाद हैं– परशुराम–लक्ष्मण–संवाद, कैकेयी–मंथरा–संवाद और अंगद–रावण–संवाद। इनमें सबसे महत्त्वपूर्ण तीसरा संवाद है, जो दीर्घ भी है और तुलसीदास की वाग्प्रहार–क्षमता, वक्रोक्ति और व्यंग्योक्ति का असाधारण उदाहरण है। कुछ उदाहरण। अंगद ने रावण से कहा–

दसन गहहु तृन कंठ कुठारी। परिजन सहित संग निज नारी।
सादर जनक सुता करि आगें। एहि बिधि चलहु सकल भए त्यागें।
प्रनतपाल रघुबंसमनि त्राहि त्राहि अब मोहि।
आरत गिरा सुनत प्रभु अभय करैगो तोहि।।

स्वभावत: यह बात रावण को पसंद नहीं आई। उसने बिगड़कर कहा—

रे कपिपोत बोलु संभारी। मूढ़ न जानेहि मोहि सुरारी।
कहु निज नाम जनक कर भाई। केहि नातें मानिऐ मिताई।

इसमें 'कपिपोत' का अर्थ है 'बंदर का बच्चा'। अंगद ने उसकी बात सुनकर उत्तर दिया कि— 'अंगद नाम बालि कर बेटा। तासों कबहुँ भई ही भेटा।' अंगद की बात सुनकर रावण सकुचा गया और बोला : 'रहा बालि बानर मैं जाना'। फिर उसने अंगद को 'कुलघातक' कहा, जिस पर उसने उत्तर दिया—

तुम्हरे कटक माँझ सुनु अंगद। मो सन भिरिहि कवन जोधा बद।
तव प्रभु नारि बिरहँ बलहीना। अनुज तासु दुख दुखी मलीना।
तुम्ह सुग्रीव कूलद्रुम दोऊ। अनुज हमार भीरु अति सोऊ।
जामवंत मंत्री अति बूढ़ा। सो कि होइ अब समरारूढ़ा।
सिल्पि कर्म जानहिं नल नीला। है कपि एक महा बलसीला।

इस पर अंगद का प्रत्युत्तर था :

जो अति सुभट सराहेहु रावन। सो सुग्रीव केर लघु धावन।
चलइ बहुत सो बीर न होई। पठवा खबरि लेन हम सोई।

. . .   .

कहु रावन रावन जग केते। मैं निज श्रवन सुने सुनु जेते।
बलिहि जितन एक गयउ पताला। राखेउ बाँधि सिसुन्ह हयसाला।
खेलहिं बालक मारहिं जाई। दया लागि बलि दीन्ह छोड़ाई।
एक बहोरि सहसभुज देखा। धाइ धरा जिमि जंतु बिसेषा।
कौतुक लागि भवन लै आवा। सो पुलस्ति मुनि जाइ छोड़ावा।
एक कहत मोहि सकुच अति रहा बालि कीं काँख।
इन्ह महुँ रावन तैं कवन सत्य बदहि तजि माख।।

यह सुनकर रावण आग बबूला हो गया और कहने लगा :

सुनु सठ सोइ रावन बलसीला। हरि गिरि जान जासु भुज लीला।
जान उमापति जासु सुराई। पूजेउँ जेहि सिर सुमन चढ़ाई।

सिर सरोज निज करन्हि उतारी। पूजेउँ अमित बार त्रिपुरारी।
भुज बिक्रम जानहिं दिगपाला। सठ अजहूँ जिन्ह कें उर साला।
जानहि दिग्गज उर कठिनाई। जब जब भिरउँ जाइ बरिआई।
जिन्हके दसन कराल न फूटे। उर लागत मूलक इव टूटे।
जासु चलत डोलति इमि धरनी। चढ़त मत्त गज जिमि लघु तरनी।
सोइ रावन जग बिदित प्रतापी। सुनेहि न श्रवन अलीक प्रलापी।
तेहि रावन कहँ लघु कहसि नर कर करसि बखान।
रे कपि बर्बर खर्ब खल अब जाना तव ज्ञान।।

अंगद ने उसे पुनः उसकी औकात बतलाई :

मूढ़ बृथा जनि मारसि गाला। राम बयर अस होइहि हाला।
तव सिर निकर कपिन्ह के आगें। परिहहिं धरनि राम सर लागें।
ते तव सिर कंदुक सम नाना। खेलिहहिं भालु कीस चौगाना।
जबहिं समर कोपिहि रघुनायक। छुटिहहिं अति कराल बहु सायक।
तब कि चलिहि अस गाल तुम्हारा। अस बिचारि भजु राम उदारा।

पुनः –

अब जनि बतबढ़ाव खल करही। सुनु मम बचन मान परिहरही।
दसमुख मैं न बसीठीं आयउँ। अस बिचारि रघुबीर पठायउँ।
बार बार अस कहइ कृपाला। नहिं गजारि जसु बधें सुकाला।
मन महुँ समुझि बचन प्रभु केरे। सहेउँ कठोर बचन सठ तेरे।
नाहिं त करि मुख भंजन तोरा। लै जातेउँ सीतहि बरजोरा।
जानेउँ तव बल अधम सुरारी। सूनें हरि आनिहि परनारी।
तैं निसिचर पति गर्ब बहूता। मैं रघुपति सेवक कर दूता।
. . .   . .

जब तेहिं कीन्हि राम कै निंदा। क्रोधवंत अति भयउ कपिंदा।
हरि हर निंदा सुनइ जो काना। होइ पाप गोघात समाना।
कटकटान कपिकुंजर भारी। दुहु भुजदंड तमकि महि मारी।
डोलत धरनि सभासद खसे। चले भाजि भय मारुत ग्रसे।

गिरत सँभारि उठा दसकंधर। भूतल परे मुकुट अति सुंदर।
कछु तेहिं लै निज सिरन्हि सँवारे। कछु अंगद प्रभु पास पबारे।

उपर्युक्त उद्धरणों में कुछ शब्द आए हैं, यथा 'सुकाला', 'भय मारुत' और 'पबारे', जिनका अर्थ क्रमशः शृगाल, भयरूपी भूत और 'फेंक दिए' है।

राम के पास मुकुटों को आते देखकर बंदर भाग खड़े हुए। उन्हें लगा कि दिन में यह उल्कापात कैसा ? अथवा रावण ने कुपित होकर चार वज्र चलाए हैं, जो वेग से आ रहे हैं। राम ने हँसकर कहा कि डरने की कोई बात नहीं है, ये रावण के मुकुट हैं, जिन्हें अंगद ने मेरे पास फेंका है। हनुमान ने उछलकर उन मुकुटों को पकड़ा। उन्होंने उन्हें राम के पास लाकर रखा। सभी बंदर कौतुक से उन्हें देखने लगे, जो सूर्य के समान प्रकाशमान् थे।

उहाँ सकोपि दसानन सब सन कहत रिसाइ।
धरहु कपिहि धरि मारहु सुनि अंगद मुसुकाइ।।
एहि बधि बेगि सुभट सब धावहु। खाहु भालु कपि जहँ जहँ पावहु।
मर्कटहीन करहु महि जाई। जियत धरहु तापस द्वौ भाई।

अंगद :

मैं तव दसन तोरिबे लायक। आयसु मोहि न दीन्ह रघुनायक।
असि रिस होति दसउ मुख तोरौं। लंका गहि समुद्र महँ बोरौं।
गूलरि फल समान तव लंका। बसहु मध्य तुम्ह जंतु असंका।
मैं बानर फल खात न बारा। आयसु दीन्ह न राम उदारा।

अंगद की बात सुनकर—

समुझि राम प्रताप कपि कोपा। सभा माँझ पन करि पद रोपा।
जौं मम चरन सकसि सठ टारी। फिरहिं रामु सीता मैं हारी।

सुनहु सुभट सब कह दससीसा। पद गहि धरनि पछारहु कीसा।

तत्पश्चात्—

इंद्रजीत आदिक बलवाना। हरषि उठे जहँ तहँ भट नाना।
झपटहिं करि बल बिपुल उपाई। पद न टरइ बैठहिं सिरु नाई।

. . .   .

कपि बल देखि सकल हियँ हारे। उठा आपु कपि कें परचारे।

लेकिन वह भी हारकर बैठ गया और अंगद लौट गया। अंत में तुलसीदास कहते हैं—

जातुधान अंगद पन देखी। भय ब्याकुल सब भए बिसेषी।

जब शाम हुई, तो काफी उदास होकर रावण महल के अंदर गया। मंदोदरी ने उसे फिर समझाया, जो एक औरत की बुद्धिपरायणता, विवेकशीलता और दृढ़ता का अनुपम उदाहरण है। किंचित् पुनरावृत्ति का खतरा उठाकर भी पाठकों से क्षमा-याचनापूर्वक मैं उस संवाद को पूरा उद्‌धृत कर रहा हूँ। मंदोदरी ने काफी कठोर शब्दों में रावण से कहा—

कंत समुझि मन तजहु कुमतिही। सोह न समर तुम्हहि रघुपतिही।
रामानुज लघु रेख खचाई। सोउ नहिं नाघेहु असि मनुसाई।
पिय तुम्ह ताहि जितब संग्रामा। जाके दूत केर यह कामा।
कौतुक सिंधु नाघि तव लंका। आयउ कपि केहरी असंका।
रखवारे हति बिपिन उजारा। देखत तोहि अच्छ तेहिं मारा।
जारि सकल पुर कीन्हेसि छारा। कहाँ रहा बल गर्ब तुम्हारा।
अब पति मृषा गाल जनि मारहु। मोर कहा कछु हृदयँ बिचारहु।
पति रघुपतिहि नृपति जनि मानहु। अब जग नाथ अतुल बल जानहु।
बान प्रताप जान मारीचा। तासु कहा नहिं मानेहि नीचा।
जनक सभाँ अगनित भूपाला। रहे तुम्हउ बल अतुल अतुल बिसाला।
भंजि धनुष जानकी बिआही। तब संग्राम जितेहु किन ताही।
सुरपति सुत जानइ बल थोरा। राखा जिअत आँखि गहि फोरा।
सूपनखा कै गति तुम्ह देखी। तदपि हृदयँ नहिं लाज बिसेषी।

बधि बिराध खर दूषणहि लीलाँ हत्यो कबंध।
बालि एक सर मार्‌यो तेहि जानहु दसकंध।।

जेहिं जलनाथ बँधायउ हेला। उतरे प्रभु दल सहित सुबेला।
कारुनीक दिनकर कुल केतू। दूत पठायउ तव हित हेतू।
सभा माझ जेहि तव बल मथा। करि बरूथ महुँ मृगपति जथा।
अंगद हनुमत अनुचर जाके। रन बाँकुरे बीर अति बाँके।
तेहि कहँ पिय पुनि पुनि नर कहहू। मुधा मान ममता मद बहहू।
अहह कंत कृत राम बिरोधा। काल बिबस मन उपज न बोधा।
काल दंड गहि काहु न मारा। हरइ धर्म बल बुद्धि बिचारा।
निकट काल जेहि आवत साईं। तेहि भ्रम होइ तुम्हारिहि नाईं।
दुइ सुत मरे दहेउ पुर अजहुँ पूर पिय देहु।
कृपासिंधु रघुनाथ भजि नाथ बिमल जसु लेहु।।

अरण्यकांड में यथास्थान लक्ष्मण-रेखा का उल्लेख नहीं है, लेकिन मंदोदरी के कथन के शुरू में ही उसका हवाला आया है। 'अच्छ' का मतलब है रावण का पुत्र अक्षयकुमार। इसी तरह 'मुधा' का मतलब है 'व्यर्थ', 'पूर पिय देहु' का मतलब क्षतिपूर्ति करने से है। रावण को मंदोदरी की बातें बाण के समान लगीं, तथापि सुबह होते ही वह उठा और अभिमानपूर्वक राजसिंहासन पर जाकर बैठ गया। उसे अपने अभिमान में राम का कोई डर नहीं रहा।

अंगद के राम के पास पहुँचने और उन्हें पूरी कहानी सुनाने के बाद बंदरों और भालुओं की सेना ने सेतुबंध से पार उतरकर लंका पर आक्रमण कर दिया। उनकी संख्या करोड़ों में थी, लेकिन वह नियमित सेना नहीं थी, इसलिए उनका युद्ध करने का अपना ढंग था। उसकी एक झलक :

ढाहे महीधर सिखर कोटिन्ह बिबिध बिधि गोला चले।
घहरात जिमि पबिपात गर्जत जनु प्रलय के बादले।
मर्कट बिकट भट जुटत कटत न लटत तन जर्जर भए।
गहि सैल तेहि गढ़ पर चलावहिं जहँ सो तहँ निसिचर हए।।

'न लटत' का मतलब है 'हिम्मत नहीं हारते' और 'हए' का मतलब है 'मारे जाते हैं', यानी 'हते' अथवा 'हने', जो तुलसीदास की इस क्षमता का प्रमाण है कि वे जैसे चाहते हैं, शब्द को अपनी जरूरत के मुताबिक रूप दे देते हैं।

'बादल' की जगह 'बादले' के प्रयोग में भी वह चीज दिखलाई पड़ती है। मेघनाद के साथ युद्ध में लक्ष्मण ने उसके रथ को तोड़ डाला और उसके सारथी को टुकड़े-टुकड़े कर दिया। इससे उसे भय हुआ कि अब उसके प्राण संकट में हैं, तो उसने लक्ष्मण पर शक्ति का प्रयोग किया, जिससे वे मूर्च्छित हो गए। तुरत सुषेण वैद्य को बुलाया गया। उसने पर्वत-विशेष पर संजीवनी-बूटी के होने की बात कहीं, जिससे ही उनकी मूर्च्छा दूर हो सकती थी। हनुमान उस पर्वत को ही उखाड़ कर ले चले, लेकिन उनके लौटने में थोड़ा विलंब हुआ, तो उससे राम शोकाकुल हो उठे। उनका यह विलाप बहुत प्रसिद्ध है, जो उनके साधारण मानवीय रूप का परिचायक है—

उहाँ राम लछिमन ही निहारी। बोले बचन मनुज अनुसारी।
अर्ध राति गइ कपि नहिं आयउ। राम उठाइ अनुज उर लायउ।
सकहु न दुखित देखि मोहि काऊ। बंधु सदा तव मृदुल सुभाऊ।
मम हित लागि तजेहु पितु माता। सहेहु बिपिन हिम आतप बाता।
सो अनुराग कहाँ अब भाई। उठहु न सुनि मम बच बिकलाई।
जौं जनतेउँ बन बंधु बिछोहू। पिता बचन मनतेउँ नहिं ओहू।
सुत बित नारि भवन परिवारा। होहिं जाहिं जग बारहिं बारा।
अस बिचारि जियँ जागहु ताता। मिलइ न जगत सहोदर भ्राता।
जथा पंख बिनु खग अति दीना। मनि बिनु फनि करिबर कर हीना।
अस मम जिवन बंधु बिनु तोही। जौं जड़ दैव जिआवै मोही।
जैहउँ अवध कवन मुहु लाई। नारि हेतु प्रिय भाइ गँवाई।
बरु अपजस सहतेउँ जग माहीं। नारि हानि बिसेष छति नाहीं।
अब अपलोकु सोकु सुत तोरा। सहिहि निठुर कठोर उर मोरा।
निज जननी के एक कुमारा। तात तासु तुम्ह प्रान अधारा।
सौंपेसि मोहि तुम्हहि गहि पानी। सब बिधि सुखद परम हित जानी।
उतरु काह दैहउँ तेहि जाई। उठि किन मोहि सिखावहु भाई।

राम के इस विलाप में 'नारि हानि बिसेष छति नाहीं' पर आपत्ति उठाई गई है। इस संबंध में ज्ञातव्य है कि तुलसीदास अंततः किसान-मानसिकता के

कवि थे। उनकी यह उक्ति प्रसिद्ध है कि 'कीन्हें प्राकृत जन गुन गाना। सिर धुनि गिरा लगत पछिताना'। स्पष्ट है कि उन्होंने राजाओं-महाराजाओं को छोड़कर पौराणिक पात्रों के माध्यम से ही कृषक-जनता के जीवन और उसकी संस्कृति को पूरे यथार्थ और आदर्श के साथ चित्रित करने का प्रयास किया। ऐसी स्थिति में वे यदि पत्नी पर भाई को महत्त्व देते हैं, तो यह पूरी तरह से किसान-मानसिकता के मेल में है। सुमित्रानंदन पंत तो आधुनिक कवि हैं, लेकिन 'ग्राम्या' की उनकी 'वे आँखें' शीर्षक कविता में एक बूढ़ा किसान कहता है— 'खैर, पैर की जूती, जोरू/न सही एक, दूसरी आती,/पर जबान लड़के की सुध कर/साँप लोटते, फटती छाती।'

अंततः लक्ष्मण द्वारा मेघनाद मारा गया। कुंभकर्ण पर्वताकार शरीरवाला था। उसके मुख, नासिका और कर्ण-विवर इतने विशाल थे कि जब वह बंदरों और भालुओं को निगल जाता था, तो ठट्ट के ठट्ट बंदर-भालू उक्त विवरों से निकलकर भाग जाते थे। तुलसीदास के शब्दों में वह दिलचस्प वर्णन है—

कोटिन्ह गहि सरीर सन मर्दा। कोटिन्ह मीजि मिलव महि गर्दा।
मुख नासा श्रवनन्हि कीं बाटा। निसरि पराहिं भालु कपि ढाटा।

मेघनाद और कुंभकर्ण के मारे जाने के बाद रावण युद्ध-भूमि में उतरा। वह अपने रथ पर सवार था, लेकिन राम पाँवपियादे। यह देखकर विभीषण को बहुत घबड़ाहट हुई : 'रावनु रथी बिरथ रघुबीरा। देखि बिभीषण भयउ अधीरा'। इस पर—

सुनहु सखा कह कृपानिधाना। जेहिं जय होइ सो स्यंदन आना।
सौरज धीरज तेहि रथ चाका। सत्य सील दृढ़ ध्वजा पताका।
बल बिबेक दम परहित घोरे। छमा कृपा समता रजु जोरे।
ईस भजनु सारथी सुजाना। बिरति चर्म संतोष कृपाना।
दान परसु बुधि शक्ति प्रचंडा। बर बिग्यान कठिन कोदंडा।
अमल अचल मन त्रोन समाना। सम जम नियम सिलीमुख नाना।
कवच अभेद विप्र गुर पूजा। एहि सम बिजय उपाय न दूजा।
सखा धर्ममय अस रथ जाकें। जीतन कहँ न कतहुँ रिपु ताकें।

इसमें 'आना' शब्द का अर्थ है 'अन्य', 'चर्म' का अर्थ है 'ढाल' और 'त्रोन' का अर्थ है 'तूणीर'। चीनी आक्रमण के समय डा. प्रभाकर माचवे ने एक लेख लिखा था, जिसमें उपर्युक्त पंक्तियों को उद्धृत करते हुए उन्होंने कहा था कि ये युद्ध-संबंधी भारतीय संस्कृति के मूल्य हैं। उससे अलग जीवन-संग्राम में जूझनेवाले योद्धा को ये पंक्तियाँ अतिशय नैतिक बल पहुँचाती हैं। विभीषण से अधिक घबड़ाहट देवताओं को हुई। इंद्र ने मातलि के साथ अपना रथ भेजा, जिस पर राम आरूढ़ हुए।

राम और रावण में घनघोर युद्ध होने लगा। राम अपने बाणों से उसकी बीसों भुजाएँ और दसों सिर काट डालते थे, लेकिन तुरत वे अपनी जगह पर उग आते थे। 'रहे छाइ नभ सिर अरु बाहू। मानहुँ अमित केतु अरु राहू।' अंत में रावण ने अपनी राक्षसी माया दिखलाई और एक जादुई वातावरण का निर्माण कर दिया। वह खुद अंतर्धान हो गया। भूत-पिशाच प्रकट हो गए और वे हाथों में धनुष-बाण लिए युद्ध करने लगे। योगिनियाँ एक हाथ में तलवार और दूसरे हाथ में मनुष्य की खोपड़ी लिए ताजा खून पीकर नाचने और गाने लगीं। वे मुख खोलकर खाने दौड़ती थीं। इस भय से वानर भागने लगे, पर जिधर जाते थे, उन्हें आग जलती दिखलाई पड़ती थी। लक्ष्मण और सुग्रीव सहित सभी वीर अचेत हो गए। रावण ने अनेक हनुमान प्रकट कर दिए, जिन्होंने हाथों में पत्थर लिए राम को घेर लिया। लंगूर दसों दिशाओं में विराजमान हैं और राम उनके बीच में हैं। उन्होंने एक ही तीर से रावण की माया को नष्ट कर दिया। बंदर-भालू फिर लौटे। रावण दिखलाई पड़ा। राम ने फिर उसकी बाँहें और सिर काटकर धरती पर गिरा दिए, लेकिन फिर वे अपनी जगह पर निकल आए। बहुत परेशान होकर उन्होंने विभीषण की ओर देखा, जिन्होंने उन्हें बतलाया कि रावण के नाभिकुंड में पीयूष का वास है, इसी से वह मरता नहीं है। फिर तो—

खैंचि सरासन श्रवन लगि छाड़े सर एकतीस।
रघुनायक सायक चले मानहुँ काल फनीस।।
सायक एक नाभि सर सोषा। अपर लगे भुज सिर करि रोषा।
लै सिर बाहु चले नाराचा। सिर भुज हीन रुंड महि नाचा।

धरनि धसइ धर धाव प्रचंडा। तब सर हति प्रभु कृत दुइ खंडा।
गर्जेउ मरत घोर रव भारी। कहाँ रामु रन हतौं पचारी।
डोली भूमि गिरत दसकंधर। क्षुधित सिंधु सरि दिग्गज भूधर।
धरनि परेउ द्वौ खंड बढ़ाई। चापि भालु मर्कट समुदाई।

इस समय मंदोदरी ने रावण की मृत्यु पर जो विलाप किया, उसका यह अंश द्रष्टव्य है :

जगत बिदित तुम्हारि प्रभुताई। सुत परिजन बल बरनि न पाई।
राम बिमुख अस हाल तुम्हारा। रहा न कोउ कुल रोवनिहारा।

राम की शोभा भी द्रष्टव्य है :

सिर जटा मुकुट प्रसून बिच बिच अति मनोहर राजहीं।
जनु नीलगिरि पर तड़ित पटल समेट उडुगन भ्राजहीं।
भुजदंड सर कोदंड फेरत रुधिर कन तन अति बने।
जनु रायमुनीं तमाल पर बैठीं बिपुल सुख आपने।।

'रायमुनीं' ललमुनियाँ चिड़िया है। 'तमाल' इसलिए कि राम श्यामवर्ण थे। कहने की आवश्यकता नहीं कि यह बिंब तुलसीदास की नवीन कल्पना-शक्ति का अपूर्व प्रमाण है। रावण की मृत्यु के बाद राम के आदेश से विभीषण का राजतिलक किया गया और सीता को उनके पास लाया गया। राम और उनके पार्श्व में विराजमान सीता की शोभा उस समय कैसी थी ? 'राजत रामु सहित भामिनी। मेरु सृंग जनु घन दामिनी।'

6

मानस की कथा वस्तुतः लंकाकांड में रावण की मृत्यु, राम और सीता के मिलन तथा विभीषण के राजतिलक के साथ समाप्त हो जाती है। उसके जो कुछ शेष अंश बचते हैं, यथा अयोध्या में भरत द्वारा राम की व्याकुलतापूर्ण प्रतीक्षा और हनुमान का समाचार लेकर पहुँचना, अयोध्या के नर-नारियों का अपूर्व आह्लाद, राम का राजतिलक और राम द्वारा हनुमान को छोड़कर लंका

से साथ आनेवाले सभी योद्धाओं की विदाई, अयोध्याकांड के शुरू के ही कुछ पृष्ठों में समेट लिए गए हैं। उसके बाद उसमें रामराज्य का वर्णन, पक्षिराज गरुड़ का मोह तथा काकभुशुण्डि द्वारा विस्तार से उन्हें राम-कथा और अपने मोह-निवारण के बारे में बतलाना, कलियुग-वर्णन, ज्ञान और भक्ति का निरूपण आदि विषय आए हैं। इनमें सर्वाधिक विस्तार के साथ काकभुशुण्डि की कथा कही गई है, जिसे देखकर तुलसी-साहित्य के विशेषज्ञों का कहना है कि उत्तरकांड भुशुण्डिरामायण का आधार लेकर रचा गया है। स्वभावतः काकभुशुण्डि की प्रधानता देखकर उन्हें ही इस कांड का नायक माना जा सकता है। रामकथा के शेषांश के अलावा इसमें जो कुछ है, उसे बालकांड के आरंभ की 'प्रस्तावना' की तरह मानस का उपसंहार समझना चाहिए।

अयोध्या में भरत की प्रतीक्षा सरल होते हुए भी बहुत प्रभावशाली है। आप भी ये सुपरिचित पंक्तियाँ एक बार फिर देखें—

रहेउ एक दिन अवधि अधारा। समुझत मन दुख भयउ अपारा।
कारन कवन नाथ नहिं आयउ। जानि कुटिल किधौं मोहि बिसरायउ।
. . . .

राम बिरह सागर महँ भरत मगन मन होत।
बिप्र रूप धरि पवनसुत आइ गयउ जनु पोत।।

ऐसे अवसरों पर पुरुषों से अधिक नारियाँ उच्छ्वसित होती हैं। तुलसीदास ने पुराने उपमानों के सहारे ही इस दृश्य का बहुत सुंदर वर्णन किया है—

राका ससि रघुपति पुर सिंधु देखि हरषान।
बढ़्यो कोलाहल करत जनु नारि तरंग समान।।

ऊपर इस बात का जिक्र किया गया है कि मानस में सीता-वनवास का वर्णन नहीं है, लेकिन एक स्थल पर कवि ने संकेतात्मक रूप में उसका उल्लेख किया है। लव और कुश का जन्म सीता के वनवास-काल में ही वाल्मीकि के आश्रम में हुआ था, लेकिन उसने उसका उल्लेख अयोध्या में ही किया है :

'दुइ सुत सुंदर सीताँ जाए। लव कुस बेद पुरानन्ह गाए।'

उत्तरकांड का सबसे सुंदर स्थल वह है, जिसमें काकभुशुण्डि राम के बाल-रूप के साथ क्रीड़ा करते हैं, यथा—

पीत झीनि झगुली तन सोही। किलकनि चितवनि भावति मोही।
रूप रासि नृप अजिर बिहारी। नाचहिं निज प्रतिबिंब निहारी।
मोहि सन करहिं बिबिधि बिधि क्रीड़ा। बरनत मोहि होति अति ब्रीड़ा।
किलकत मोहि धरन जब धावहिं। चलउँ भागि तब पूप देखावहिं।
आवत निकट हँसहिं प्रभु भाजत रुदन कराहिं।
जाउँ समीप गहन पद फिरि फिरि चितइ पराहिं।।
प्राकृत सिसु इव लीला देखि भयउ मोहि मोह।
कवन चरित्र करत प्रभु चिदानंद संदोह।।

काकभुशुण्डि ने पक्षिराज गरुड़ से कहा कि मुझे मोहग्रस्त देखकर 'भ्रम तें चकित राम मोहि देखा। बिहँसे, सो सुनु चरित बिसेषा' और 'जानु पानि धाए मोहि धरना। स्यामल गात अरुन कर चरना'। तत्पश्चात् यह जादुई लोक की सृष्टि—

तब मैं भागि चलेउँ उरगारी। राम गहन कहँ भुजा पसारी।
जिमि जिमि दूरि उड़ाउँ अकासा। तहँ भुज हरि देखउँ निज पासा।
ब्रह्मलोक लगि गयउँ मैं चितयउँ पाछ उड़ात।
जुग अंगुल कर बीच तब राम भुजहि मोहि तात।।
सप्ताबरन भेद करि जहाँ लगें गति मोरि।
गयउँ तहाँ प्रभु भुज निरखि ब्याकुल भयउँ बहोरि।।
मूदेउँ नयन त्रसित जब भयऊँ। पुनि चितवत कोसलपुर गयऊँ।
मोहि बिलोकि राम मुसुकाहीं। बिहँसत तुरत गयउँ मुख माहीं।
उदर माँझ सुनु अंडज राया। देखेउँ बहु ब्रह्मांड निकाया।
अति बिचित्र तहँ लोक अनेका। रचना अधिक एक ते एका।
कोटिन्ह चतुरानन गौरीसा। अगनित उडगन रबि रजनीसा।
अगनित लोकपाल जम काला। अगनित भूधर भूमि बिसाला।

सागर सरि सर बिपिन अपारा। नाना भाँति सृष्टि बिस्तारा।
सुर मुनि सिद्ध नाग नर किंनर। चारि प्रकार जीव सचराचर।
जो नहिं देखा नहिं सुना जो मनहूँ न समाइ।
सो सब अद्‌भुत देखेउँ बरनि कवनि बिधि जाइ।।
एक एक ब्रह्मांड महुँ रहउँ बरष सत एक।
एहि बिधि देखत फिरउँ मैं अंड कटाह अनेक।।

इस तरह–

भ्रमत मोहि ब्रह्मांड अनेका। बीते मनहुँ कल्प सत एका।
फिरत फिरत निज आश्रम आयउँ। तहँ पुनि रहि कछु काल गवाँयउँ।
निज प्रभु जन्म अवध पुनि पायउँ। निर्भर प्रेम हरिष उठि धायउँ।
देखउँ जन्म महोत्सव जाई। जेहि बिधि प्रथम कहा मैं गाई।
राम उदर देखेउँ जग नाना। देखत बनइ न जाइ बखाना।
तहँ पुनि देखेउँ राम सुजाना। माया पति कृपाल भगवाना।
करउँ बिचार बहोरि बहोरी। मोह कलिल ब्यापित मति मोरी।
उभय घरी महँ मैं सब देखा। भयउ भ्रमित मन मोह बिसेषा।
देखि कृपाल बिकल मोहि बिहँसे तब रघुबीर।
बिहँसतहीं मुख बाहेर आयउँ सुनु, मति धीर !

इसमें 'कलिल' शब्द का अर्थ है 'पंक'।

उत्तर कांड का अंत तुलसीदास ने इस प्रसिद्ध दोहे से किया है–

कामिहि नारि पिआरि जिमि लोभिहि प्रिय जिमि दाम।
तिमि रघुनाथ निरंतर प्रिय लागहु मोहि राम।।

कुछ लोग 'कामिहि नारि पिआरि जिमि' पर चौंकते हैं, पर उन्हें याद करना चाहिए कि आदर्श प्रेम का उदाहरण आचार्यों ने परकीया-प्रेम को बतलाया है। इसके अलावा यह कवि का अपना अनुभव भी था। रामचरितमानस दोहा-चौपाई में रचित है, पर यत्र-तत्र इसमें सोरठा, हरिगीतिका, चौपाई, चौपई, चौपैया, तोमर, पद्धरि और भुजंगप्रयात तथा प्रमाणिका (वर्णवृत्त)

आदि छंदों का भी प्रयोग हुआ है, पर निश्चय ही मानस पृथ्वीराज रासो और रामचंद्रिका की तरह छंदों का कोश नहीं है, जिससे कथा का प्रवाह बाधित हो। तुकों के मामले में भी तुलसीदास ने सर्वत्र खून को स्याही में नहीं बदला। उनकी कुछ तुकें देखें :

1. *हे खग मृग हे मधुकर* ***श्रेनी****। तुम्ह देखी सीता मृग****नैनी****।*
2. *हम सीता कै सुधि लीन्हें* ***बिना****। नहिं जैहै जुबराज* ***प्रबीना****।*
3. *जमिहहिं पंख करस जनि* ***चिंता****। तिन्हहि देखाइ देहेसु तैं* ***सीता****।*
4. *मंदोदरी हृदयँ कर* ***चिंता****। भयउ कंत पर बिधि बिप****रीता****।*
5. *मुखमलीन उपजी मन* ***चिंता****। त्रिजटा सन बोली तब* ***सीता****।*

'ताटंका' की तुकबंदी 'दमंका' से हम देख चुके हैं। वैसे एक-दो प्रयोग और द्रष्टब्य हैं—

1. *बहु कृपान तरवारि चमंकहिं। जनु दहँ दिसि दामिनी दमंकहिं।*
2. *जोगिनि भरि भरि खप्पर संचहिं। भूत पिसाच बधू नभ नंचहिं।*

यह भी एक प्रकार की भाषा की 'डिक्टेटरी' ही है। उचित ही डा. रामविलास शर्मा तुलसीदास को रीति-काव्य की धारा से भिन्न धारा का कवि मानते थे, जिनका जोर भाषा की शक्ति पर था, उसकी निरर्थक मजावट पर नहीं। तुलसीदास ने अवधी में तो संस्कृत शब्दों को फेंटा ही है, कभी-कभी संस्कृत शब्दों का बिलकुल अपने ढंग से प्रयोग किया है, यथा 'आजन्म ते परद्रोह रत पापौघमय तव तनु *अयं*। तुम्हहू दियो निज धाम राम *नमामि* ब्रह्म *निरामयं*, 'सुनु मातु मैं पायो अखिल जग राजु आजु न *संशयं*।/रन जीति रिपुदल बंधु युत *पस्यामि राममनामयं*', 'मुकुटांगदादि बिचित्र भूषन अंग अंगन्हि प्रति सजे।/अंभोज नयन बिसाल उर भुज धन्य नर *निरखंति* जे', '*तग्य* कृतग्य अज्ञता भंजन। नाम अनेक अनाम निरंजन', 'सो दासी रघुबीर कै समुझें मिथ्या *सोपि*।/छूट न राम कृपा बिनु नाथ कहउँ पद रोपि', 'कबि बृंद उदार दुनी न सुनी। गुन दूषक ब्रात न *कोपि* गुनी' आदि। उनकी चौपाइयों में अरुद्धचरचांत वाक्य भी मिलते हैं, जिसकी ओर त्रिलोचन बराबर संकेत

किया करते थे। इसका एक ही उदाहरण प्रर्याप्त होगा—

माया कृत गुन दोष अनेका। मोह मनोज आदि अबिबेका।
रहे ब्यापि समस्त जग माहीं। तेहि गिरि निकट कबहुँ नहिं जाहीं।

तुलसीदास पर आरोप है कि उनके पास नवीन उपमानों की कमी थी, इसलिए सर्वत्र उन्होंने कमल, भ्रमर, चकोर, चंद्रमा, चातक, मेघ और सूर्य-जैसे पुराने उपमानों से ही काम चलाया है। विनयपत्रिका के एक प्रसिद्ध पद में तो उन्होंने 'कंज' उपमान का ऐसा प्रयोग किया है कि उपर्युक्त आरोप सही प्रतीत होता है, यथा 'नव कंजलोचन, कंजमुख, करकंज, पद कंजारुनं'। लेकिन ऐसी बात है नहीं। मानस में अनेक नवीन उपमाओं का प्रयोग हुआ है, जिस पर दुर्भाग्यवश हमारा ध्यान नहीं जाता। यहाँ नमूने के तौर पर वैसी कुछ उपमाएँ दी जा रही हैं—

1. *सो मो सन कहि जात न कैसें।* ***साक बनिक मनि गुन गन जैसें।***
2. *समुझि राजसुख दुखित अराती।* ***अवाँ अनल इव सुलगइ छाती।***
3. *सखिन्ह सहित हरषी अति रानी।* ***सूखत धान परा जनु पानी।***
4. *दलकि उठेउ सुनि हृदय कठोरू।* ***जनु छुइ गयउ पाक बरतोरू।***
5. *नगर ब्यापि गइ बात सुतीछी।* ***छुअत चढ़ी जनु सब तन बीछी।***
6. *राम लखन सिय पद सिरु नाई।* ***फिरेउ बनिक जिमि मूर गवाँई।***
7. *सुनि सुठि सहमेउ राजकुमारू।* ***पाकें छत जनु लाग अँगारू।***
8. *भरत दसा तेहि अवसर कैसी।* ***जल प्रवाहँ जल अलि गति जैसी।***
9. *राम बचन सुनि सभय समाजू।* ***जनु जलनिध महुँ बिकल जहाजू।***
10. *भरत महा महिमा जलरासी।* ***मुनि मति ठाढ़ि तीर अबला सी।***
11. *घायल बीर बिराजहिं कैसे।* ***कुसुमित किंसुक के तरु जैसे।***

इन उपमाओं की शक्ति का असली पता इन्हें इनके संदर्भ में रखकर देखने से चलता है। ये नवीन तो हैं ही, इनमें से कई सूक्ष्म भी हैं।

मैंने इस लेख को यथासंभव शास्त्रीय होने से बचाया है, क्योंकि आचार्य हजारीप्रसाद द्विवेदी की एक बात मुझे सदा स्मरण रहती है। पटना विश्वविद्यालय (हिंदी विभाग) के एक प्राध्यापक ने डी.लिट्. की उपाधि के लिए विश्वविद्यालय में अपना शोध-प्रबंध जमा किया था, जिसका विषय था– 'रामचरितमानस में अलंकार-योजना'। आचार्य द्विवेदी भी एक परीक्षक थे और अनुकूल प्रतिवेदन भेजने के बाद वे मौखिकी में भी आए। उन्होंने उसमें उस प्राध्यापक को उत्तीर्ण भी कर दिया, पर बाद में अपने व्याख्यान में कहा कि रामचरितमानस में अलंकार ढूँढ़ना वैसा ही है, जैसा कल्पवृक्ष से दो किलो बैगन माँगना। लेकिन इस लेख का समापन मैं पांडेय बेचन शर्मा 'उग्र' के इस कथन से करना चाहता हूँ कि मैंने विश्व का ढेर सारा श्रेष्ठ साहित्य नहीं पढ़ा, लेकिन मुझे उसका अफसोस नहीं है, क्योंकि मैंने रामचरितमानस पढ़ा है।

विनयपत्रिका

विनयपत्रिका (1601 ई.) का पहला नाम रामगीतावली था, जिसमें पदों की संख्या काफी कम थी। अनुमान है कि बाद में स्वयं तुलसीदास ने उसमें अच्छी संख्या में नए पद जोड़कर उसे विनयपत्रिका का नाम और रूप दिया। इसमें स्वभावतः कुछ पदों के क्रम भी बदल गए। गीतावली और कृष्णगीतावली की तुलना में इस कृति की विशेषता यह है कि वे जहाँ बुद्धि-प्रसूत हैं, इसमें एक गहरी हार्दिकता है। इसमें तुलसीदास का कवित्व अत्यधिक परिपक्व रूप में भी अभिव्यक्त हुआ है। शब्द मोती की तरह हैं और वाक्य मोती की लड़ियों की तरह। अकारण नहीं कि तुलसी-साहित्य के कुछ विद्वान् विनयपत्रिका को ही उनकी सर्वश्रेष्ठ कृति मानते हैं। एक पाठक के नाते मैं जिस नतीजे पर पहुँचा हूँ, वह यह कि तुलसीदास की कवि-प्रतिभा मूलतः प्रबंधात्मक थी, जो रामचरितमानस में ही चरमोत्कर्ष के बिंदु पर पहुँचती है। विनयपत्रिका आत्मनिवेदनात्मक पदों का संग्रह है, जिसकी सबसे बड़ी त्रुटि यह है कि उसमें पुनरावृत्ति बहुत ज्यादा है। इसके अंतिम पदों में दो छंदों के मेल से बने ऐसे छंदों का प्रयोग हुआ है, जो पढ़ने में सुकर नहीं हैं। इसे भी इसकी एक त्रुटि ही मानना चाहिए।

विनयपत्रिका का जो संस्करण सुलभ है, उसके दो खंड हैं— स्तुति-खंड और विनय-खंड। स्तुति-खंड में अवधी मिश्रित सरल ब्रजभाषा में रचे गए पद भी हैं और संस्कृतनिष्ठ शब्दावली में रचे गए स्तोत्र भी। इन स्तोत्रों में तुलसीदास का विराट् कवित्व प्रकट हुआ है, जो हिंदी कवियों के लिए एक

चुनौती भी है। नमूने के तौर पर राम-संबंधी दो स्तोत्रों के अंश नीचे उद्धृत हैं—

1. *विश्व-विख्यात, विश्वेश, विश्वायतन, विश्वमरजाद, व्यालारिगामी।*
ब्रह्म, वरदेश, वागीश, व्यापक, विमल विपुल, बलवान, निर्वान-स्वामी।।
प्रकृति महतत्व, शब्दादि गुण, देवता ब्योम, मरुदग्नि अमलांबु, उर्वी।
बुद्धि, मन, इंद्रिय, प्राण, चित्तातमता, काल, परमाणु, चिच्छक्ति, गुर्वी।।
सर्वमेवात्र त्वद्रूप भूपालमणि ! व्यक्तमव्यक्त, गतभेद, विष्णो।
भुवन भवदंग, कामारि-वंदित, परद्वंद्व मंदाकिनी-जनक, जिष्णो।।

2. *संत-संतापहर, विश्व-विश्रामकर रामकामारि, अभिरामकारी।*
शुद्ध बोधायतन, सच्चिदानंदघन, सज्जनानंद-वर्धन, खरारी।।
शील-समता-भवन, विषमता-मति-शमन, राम, रामारमन, रावनारी।
खड्गकर, चर्मवर-वर्मधर, रुचिर कटि-तूण, शर-शक्ति-सारंगधारी।।
सत्यसंधान, निर्वानप्रद, सर्वहित, सर्वगुण-ज्ञान-विज्ञानशाली।
सघन-तम-घोर-संसार-भर-शर्वरी नामदिवसेश खर-किरणमाली।।

लेकिन स्तुति-खंड में तुलसीदास का प्रभावशाली कवित्व वहाँ प्रकट हुआ है, जहाँ उन्होंने सरल भाषा में पद रचे हैं। यहाँ आचार्य रामचंद्र शुक्ल को स्मरण किया जा सकता है, जिन्होंने कहा था कि 'संस्कृत-पदावली का अधिक आश्रय लेने से खड़ीबोली के मँजने की संभावना दूर ही रहेगी।' यह बात खड़ीबोली ही नहीं, किसी भी लोकभाषा की कविता पर यथावत् लागू है। इस स्तुति-खंड का पहला ही पद है—

गाइए गनपति जगबंदन। संकर-सुवन भवानी-नंदन।
सिद्धि-सदन, गज-बदन, बिनायक। कृपा-सिंधु, सुंदर, सब-लायक।।
मोदक-प्रिय, मुद-मंगल-दाता। बिद्या-बारिधि, बुद्धि-बिधाता।
माँगत तुलसिदास कर जोरे। बसहिं रामसिय मानस मोरे।।

इस पद के साथ मेरा एक संस्मरण जुड़ा हुआ है, जो इस पद की लोकप्रियता का अचूक प्रमाण है। वैसे यह पद काव्य-गुण से भरपूर है। 'संकर-सुवन' में

सिर्फ अनुप्रास ही नहीं है, 'तनय' की जगह 'सुवन' शब्द का प्रयोग भी हमारे चित्त को रससिक्त कर देनेवाला है। कवि ने बहुत ही प्यार के साथ गणेश को 'संकर-तनय' न कहकर 'संकर-सुवन' कहा है। इसके अलावा इसमें 'गाइए गनपति', 'सिद्धि-सदन', 'सदन', 'बदन', 'सिंधु', 'सुंदर' और 'सब' में तो अनुप्रास है ही, तीसरी अर्धाली की पहली पंक्ति में 'म' और दूसरी पंक्ति में 'ब' की आवृत्ति अत्यंत स्पष्ट है। इस पद के साथ मेरा जो संस्मरण है, उसका भाषा के मँजने से भी संबंध है, पर मैं इसकी लोकप्रियता की चर्चा कर रहा था। पहले गाँव-गाँव में कीर्तन-मंडली हुआ करती थी। मेरे गाँव में भी वह थी, जिसके व्यास बाबू तिरपित सिंह थे। ऐसे तो गाँव में कीर्तन होता ही रहता था, पर वह मंडली जनेऊ और छठ के मौके पर भी कीर्तन गाया करती थी। मेरी अवस्था उस समय छः-सात साल की रही होगी। एक घर में जनेऊ था। उस अवसर पर गाने के लिए कीर्तन-मंडली भी बैठी। व्यास होने के नाते बाबू तिरपित सिंह ही पहला गीत उठाते थे, जो कि 'गाइए गनपति जगबंदन' हुआ करता था। वे दुबली-पतली काया और लंबे कद के थे तथा उनका कंठ फूटा हुआ था, जिससे वे कभी कुछ खाते थे, पानी पीते थे या गाते थे और उस क्रम में गर्दन को झटका देते थे, तो वह त्रिभुजाकार कंठ अपनी जगह से छिटक कर ऊपर-नीचे होता रहता था। 'संकर-सुवन भवानी-नंदन' में भवानी के बाद वे 'के' जोड़ देते थे और अपनी गर्दन को एक विशेष मुद्रा में झटका देते थे, जिससे त्रिभुजाकार कंठ अपनी जगह से छिटक जाता था। यह देखकर हम बच्चे बहुत आनंदित होते थे। 'माँगत तुलसिदास कर जोरे' ढोलक-झाल पर इस पंक्ति को द्रुत गति और उदात्त स्वर में लोग दुहराते थे, लेकिन मैं समझता था कि तुलसीदास का नाम यों ही जोड़ दिया गया है। उनको इस अपढ़ और गँवार जनता से क्या लेना। लेकिन 1958 की गर्मियों में रामचरितमानस पढ़ने के एक साल बाद जब मैं विनयपत्रिका खरीदकर लाया और सुस्थ होकर उसे पढ़ने बैठा, तो यह देखकर चकित रह गया कि 'गाइए गनपति जगबंदन' उसका पहला ही पद है और उसमें तुलसीदास का नाम यों ही नहीं जोड़ दिया गया है। उनकी कविता की लोकप्रियता का प्रमाण इससे ज्यादा क्या होगा कि उनके पदों की बात छोड़ दें, हिंदीभाषी प्रदेश की जनता

उनके महाकाव्य को पूरा का पूरा नाटक के रूप में खेल जाती है। परशुराम-लक्ष्मण-संवाद, कैकेयी-मंथरा- संवाद और रावण-अंगद संवाद को देखकर लगता है कि रामचरितमानस की परिकल्पना तुलसीदास के मन में किसी हद तक नाटक के रूप में भी थी। कहा जाता है कि रामलीला की शुरुआत उनके जीवन-काल में ही हो गई थी।

स्तुति-खंड में एक विलक्षण पद शिव की स्तुति में रचित है। शिव को आशुतोष कहा जाता है। हिंदी में कहें, तो औढरदानी। ब्रह्मा शिव की पत्नी पार्वती से उनकी दानशीलता की शिकायत करते हैं—

बावरो रावरो नाह भवानी।
दानि बड़ो दिन देत दए बिनु, बेद-बड़ाई भानी।।
निज घर की बरबात बिलोकहु, हौ तुम परम सयानी।
सिव की दई संपदा देखत, श्रीसारदा सिहानी।।
जिनके भाग लिखी लिपि मेरी, सुख की नहीं निसानी।
तिन रंकन कौ नाक सँवारत, हौं आयो नकबानी।।
दुख-दीनता दुखी इनके दुख, जाचकता अकुलानी।
यह अधिकार सौंपिए औरहिं, भीख भली मैं जानी।।

ब्रह्मा शिव की गृहिणी से कहते हैं कि आपके पति तो पागल हैं। जिन लोगों ने कभी किसी को दान देकर बदले में पाने का कुछ भी अधिकार नहीं प्राप्त किया, उन्हें भी वे दे डालते हैं, जिससे वेद की मर्यादा भंग होती है। आप बहुत समझदार हैं, अपने घर का तो भला देखिए, वह खाली होता जा रहा है। शिव की दी हुई संपदा देखकर लक्ष्मी और सरस्वती भी आपसे ईर्ष्या कर रही हैं ! जिनके भाग्य में कभी सुख नहीं लिखा, वे अपने पागलपन के कारण उन्हें भी स्वर्ग भेज रहे हैं। उनके लिए स्वर्ग में जगह बनाते-बनाते मैं तंग आ गया हूँ। कहीं भी रहने की जगह न पाकर दीनता और दुःख भी दुखी हो रहे हैं और याचकता तो व्याकुल हो उठी है। लोगों की भाग्यलिपि लिखने का काम आप कृपाकर किसी और को सौंपिए। मैं तो इसकी अपेक्षा भीख माँगकर खाना अच्छा समझता हूँ। जाहिर है, यह निंदा के बहाने शिव की दानशीलता की

प्रशंसा है। इस पद का आकर्षण इसमें गृहिणी से की गई शिकायत है, जिस पर घर की साज-सँभाल का भार होता है। एक अन्य पद में भी चौपाई में शिव की स्तुति है, जो अपनी परिपक्वता और अभिजात शब्दावली के कारण हमारा मन मोह लेती है। उसकी कुछ आरंभिक पंक्तियाँ हैं—

सेवहु सिव-चरन-सरोज-रेनु। कल्याण-अखिल-प्रद कामाधेनु।
कर्पूर-गौर, करुना-उदार। संसार-सार, भुजगेंद्र-हार।
सुख-जन्मभूमि, महिमा अपार। निर्गुन, गुननायक, निराकार।
त्रयनयन, मयनमर्दन महेस। अहँकार निहार-उदित दिनेस।
बर बाल निसाकर मौलि भ्राज। त्रैलोक-सोकहर प्रमथराज।।

इसमें प्रयुक्त 'प्रमथ' शब्द का अर्थ है 'गण', यानी शिव का गण।

शक्ति की वंदना तुलसीदास ने बहुत सुंदर शब्दों में की है। इसका एक बंद देखिए—

जय जय जगजननि देवि सुर-नर-मुनि-असुर-सेवि,
भुक्ति-मुक्ति-दायिनि भय-हरणि कालिका।
मंगल-मुद-सिद्धि-सदनि, पर्वशर्वरीश-वदनि,
ताप-तिमिर-तरुण-तरणि-किरणमालिका।।

इसमें आनेवाले 'पर्वशर्वरीश' का अर्थ है 'पूर्णिमा का चंद्र'। अंतिम पंक्ति की शब्द-योजना के बारे में तो कहना ही क्या है। वह इतनी अनुरणनात्मक है कि कान के पर्दे थरथरा उठते हैं। गंगा की स्तुति भी तुलसीदास ने बहुत सुंदर शब्दावली और छंद में की है। इसके भी आरंभिक दो बंद द्रष्टव्य हैं, जिनका छंद उपर्युक्त छंद के काफी करीब होते हुए भी उससे भिन्न है—

जय जय भगीरथनंदिनि, मुनि-चय-चकोर-चंदिनि,
नर-नाग-बिबुध-बंदिनि, जय जह्नु-बालिका।
बिस्नु-पद-सरोजजासि, ईस-सीस पर बिभासि,
त्रिपथगासि, पुन्यरासि, पाप-छालिका।।

बिमल बिपुल बहसि बारि, सीतल त्रयताप-हारि,
भँवर बर बिभंगतर तरंग-मालिका।
पुरजन पूजोपहार, सोभित ससि धवल धार,
भंजन भव-भार, भक्ति-कल्पथालिका।।

इन बंदों में आनेवाले 'छालिका' शब्द का अर्थ है 'प्रक्षालन' करनेवाली और 'कल्प-थालिका' का अर्थ है 'कल्पवृक्ष' की रक्षा करने के लिए थाला-रूप।

स्तुति-खंड का सर्वाधिक प्रसिद्ध पद नीचे पूरा दिया जा रहा है,—

श्रीरामचंद्र कृपालु भजु मन हरण भवभय दारुणं।
नवकंज-लोचन, कंज-मुख, कर-कंज, पद कंजारुणं।
कंदर्प अगणित अमित छबि, नवनील नीरद सुन्दरं।
पट पीत मानहु तड़ित रुचि शुचि नौमि जनक सुतावरं।
भजु दीनबंधु दिनेश दानव-दैत्यवंश-निकंदनं।
रघुनंद आनँदकंद कोसलचंद दशरथ-नदनं।
सिर मुकुट कुंडल तिलक चारु उदारु अंग विभूषणं।
आजानुभुज शर-चाप-धर, संग्राम-जित-खरदूषणं।
इति बदति तुलसीदास शंकर-शेष-मुनि-मन रंजनं।
मम हृदय कंज निवास कुरु, कामादि खल-दल-गंजनं।।

इस पद पर कथक-नृत्यांगनाएँ नृत्य करती हैं। मैंने स्वयं अंतर्राष्ट्रीय ख्याति-प्राप्त कथक-नृत्यांगना सितारा देवी को इस पर नृत्य करते हुए देखा है और देखकर आनंद के मारे प्रकंपित होता रहा हूँ। मैं यह देखकर विस्मित होता रहा कि इस पद के प्रायः प्रत्येक शब्द में कितनी नाटकीयता है, जिसे सितारा देवी अपनी नृत्य-भंगिमाओं से एकदम मूर्त कर देती थीं। स्वयं निराला को यह पद इतना प्रिय था कि वे अक्सर इसे हारमोनियम पर गाते थे और दूसरों को भी सुनाते थे। इसमें संस्कृत और अवधी का जो मिश्रण हुआ है, वह तो मनोरम है ही, यह शुरू से अंत तक ऐसी झंकृति से भरा हुआ है कि संवेदनशील पाठकों, श्रोताओं और दर्शकों का रोम-रोम झंकृत हो उठता है।

हमने तुलसीदास के राम-संबंधी स्तोत्रों के नमूने देखे हैं। अब चौपाई छंद में एक स्तुति का यह सरल अंश भी देखिए—

बंदौ रघुपति करुना-निधान। जाते छूटै भव-भेद-ग्यान।
रघुबंस-कुमुद-सुखप्रद निसेस। सेवत पद-पंकज अज-महेस।
निज भक्त-हृदय-पाथोज-भृंग। लावन्य बपुष अगनित अनंग।
अति प्रबल मोह-तम-मारतंड। अग्यान-गहन-पावक प्रचंड।।

पहले भी कहा जा चुका है कि 'गहन' शब्द का अर्थ 'वन' है। उसे यहाँ भी याद रखने की जरूरत है, जिससे अंतिम पंक्ति का चित्र सजीव रूप में सामने आ सके।

2

विनय-खंड में ज्यादा पद प्रायः सरल भाषा में लिखे गए हैं। सरलता की पराकाष्ठा इन दो पंक्तियों में देखिए, जिनकी सादगी की तारीफ आचार्य शुक्ल ने भी की है,—

राम सों बड़ो है कौन, मोसों कौन छोटो।
राम सों खरो है कौन, मोसों कौन खोटो।

मानना पड़ता है कि सरल भाषा में संप्रेषणीयता ही अधिक नहीं होती है, उसमें सटीकता और तज्जनित विलक्षण सौंदर्य भी संभव है। क्या ताज्जुब, यदि विनय-खंड के पद अधिक संख्या में लोकप्रिय हुए और उनकी अनेक उक्तियाँ लोकोक्ति बनकर हिंदी भाषा में मिल गईं। पहले हम ऐसे ही पदों पर विचार करेंगे। सरलता में लासानी एक पूरा पद है—

तू दयालु, दीन हौं, तू दानि, हौं भिखारी।
हौं प्रसिद्ध पातकी, तू पाप-पुंज-हारी।
नाथ तू अनाथ को, अनाथ कौन मोसो।
मो समान आरत नहिं आरतिहर तोसो।
ब्रह्म तू, हौं जीव, तू है ठाकुर, हौं चेरो।
तात-मातु, गुरु-सखा तू सब बिधि हितु मेरो।

तोहिं मोहिं नाते अनेक, मानिऐ जौ भावै।
ज्यों त्यों तुलसी कृपालु ! चरन-सरन पावै।।

निम्नलिखित पद मैंने तब सुना था, जब सातवें का विद्यार्थी था और बगल के दयालपुर हाई स्कूल में आयोजित तुलसी-जयंती में भाग लेने के लिए वहाँ गया हुआ था। उसमें तुलसीदास के चित्र पर ढेरों कमल के फूल चढ़ाए गए थे और एक छात्र ने बहुत अच्छे स्वरों में यह पद गाया था। तभी से इस पद की आरंभिक पंक्तियाँ मेरी स्मृति में सुरक्षित रही हैं। पद है–

जाउँ कहाँ तजि चरन तुम्हारे।
काको नाम पतित-पावन जग, केहि अति दीन पियारे।
कौने देव बराइ बिरद-हित, हठि हठि अधम उधारे।
खग-मृग, ब्याध, पषान, बिटप जड़, जवन कवन सुर तारे।
देव, दनुज, मुनि, नाग, मनुज, सब माया-बिबस बिचारे।
तिनके हाथ दास तुलसी प्रभु, कहा अपनपौ हारे।।

इसमें तीसरी पंक्ति का अर्थ यह है कि तुम्हारे अर्थात् राम के सिवा किस देवता ने अपने विरुद की रक्षा के लिए हठपूर्वक अधमों का उद्धार किया? इसी तरह अंतिम पंक्तियों का अर्थ है कि सब माया के वशीभूत हैं, इसलिए मैं कैसे उन लोगों को अपने को सौंप सकता हूँ? इस पद से भी अधिक सुंदर निम्नलिखित पद है, जिसका गायन भी गायक बहुत प्रभावशाली ढंग से करते हैं–

अब लौं नसानी, अब न नसैहौं।
राम-कृपा भव-निसा सिरानी, जागे फिरि न डसैहौं।
पाएउँ नाम चारु चिंतामनि, उर कर तें न खसैहौं।
स्यामरूप सुचि रुचिर कसौटी, चित कंचनहिं कसैहौं।
परबस जानि हँस्यो इन इंद्रिन, निज बस ह्वै, न हँसैहौं।
मन मधुकर पनकै तुलसी रघुपति-पद-कमल बसैहौं।

इस पद की दूसरी पंक्ति में उच्च कोटि का कवित्व ही नहीं है, 'जागे फिरि न

डसैहौं' में शब्द-लाघव भी है, जिससे कवि की उक्ति चुस्त हो उठी है। कहा जाता है कि आचार्य शुक्ल ने जब अपने निबंधों का संग्रह तैयार किया, तो वे उसके लिए नाम ढूँढ़ रहे थे। उन्होंने काशी हिंदू विश्वविद्यालय के तत्कालीन विभागाध्यक्ष पं. केशवप्रसाद मिश्र से कोई नाम पूछा, तो उन्होंने कहा– 'चिंतामणि'। छूटते ही आचार्य शुक्ल ने अपनी प्रसन्नता इस पंक्ति को दुहराकर प्रकट की : 'पाएउँ नाम चारु चिंतामनि, उर कर तें न खसैहौं'। भाष्यकार 'उर कर' का अर्थ 'हृदयरूपी हाथ' के रूप में करते हैं। उनका ध्यान तुलसीदास के काव्य की नाटकीयता पर नहीं है। 'उर कर' का असली अर्थ उर और हाथ है। जब कोई व्यक्ति अपनी प्रिय वस्तु पाता है, तब वह उसे अपने हाथ में लेकर छाती से लगा लेता है। तुलसीदास भी यही कहते हैं कि राम-नामरूपी चिंतामणि को खोने न दूँगा। 'कसौटी' की संगति 'स्यामरूप' से इस तरह है कि कसौटी भी काली होती है, तभी उस पर परीक्षा करते समय सोने की जगमगाती लकीर खिंच जाती है। एक चौपाई में रचित पद में तुलसीदास ने अतिशय सरलता से आत्मनिवेदन किया है, जिसकी अंतिम अर्धाली बहुत ही उदात्त है,–

सुमिरु सनेह-सहित सीतापति। रामचरन तजि नहिं न आनि गति।
जप, तप, तीरथ, जोग, समाधी। कलिमति-बिकल, न कछु निरुपाधी।
करतहुँ सुकृत न पाप सिराहीं। रकतबीज जिमि बाढ़त जाहीं।
हरति एक अघ-असुर-जालिका। तुलसिदास प्रभु-कृपा-कालिका।।

आगे हम जो पद उद्धृत करने जा रहे हैं, उसका ध्रुवक भी लोकोक्ति बन चुका है। पद है–

ऐसो को उदार जग माहीं।
बिनु सेवा जो द्रवै दीन पर राम सरिस कोउ नाहीं।
जो गति जोग बिराग जतन करि नहिं पावत मुनि ग्यानी।
सो गति देत गीध सबरी कहुँ प्रभु न बहुत जिय जानी।
जो संपति दस सीस अरप करि रावन सिव पहँ लीन्हीं।
सो संपदा बिभीषन कहँ अति सकुच-सहित हरि दीन्हीं।

तुलसिदास सब भाँति सकल सुख जो चाहसि मन मेरो।
तौ भजु राम, काम सब पूरन करैं कृपानिधि तेरो।।

तुलसीदास की यह बड़ी विशेषता है कि अभिव्यक्ति को सरल और संप्रेषणीय बनाते हुए भी वे उसे अभिजात स्तर से स्खलित नहीं होने देते। इस पद में तीन ऐसे शब्द हैं, यथा 'द्रवै', 'अरप' और 'काम', जो अभिव्यक्ति के स्तर को उन्नीत रखते हैं। सधी हुई आँखें इसे अवश्य लक्ष्य कर लेती हैं। ऐसा ही एक पद है–

जाके प्रिय न राम–बैदेही।
तजिए ताहि कोटि बैरी सम, जद्यपि परम सनेही।
तज्यो पिता प्रहलाद, बिभीषन बंधु, भरत महतारी।
बलि गुरु तज्यो कंत ब्रज–बनितन्हि, भए मुद–मंगलकारी।
नाते नेह राम के मनियत सुहृद सुसेब्य जहाँ लौं।
अंजन कहा आँखि जेहि फूटै, बहुतक कहौं कहाँ लौं।
तुलसी सो सब भाँति परम हित पूज्य प्रान ते प्यारो।
जासों होय सनेह राम–पद, एतो मतो हमारो।।

इसमें भी 'कोटि' 'बनितन्हि', 'सुहृद' और 'सुसेब्य' ऐसे शब्द हैं, जो सरलता को सपाटता होने से बचाते हैं। राजा बलि के गुरु शुक्राचार्य थे। गुरु शब्द से उन्हीं की ओर संकेत है। इस पद में सबसे व्यंजनापूर्ण उक्ति है– 'अंजन कहा आँख जेहि फूटै', जिसका तात्पर्य यह है कि जो स्नेही जन राम–भक्ति से विमुख करते हैं, वे उस अंजन के समान हैं, जिसके इस्तेमाल से आँखें ही फूट जाती हैं। 'मन पछितैहै अवसर बीते' यह ध्रुवक भी हिंदी–क्षेत्र में कहावत के रूप में प्रयुक्त होता है, यद्यपि लोग इसका संदर्भ याद नहीं रखते। वह पूरा पद देखने से मालूम होता है–

मन पछितैहै अवसर बीते।
दुरलभ देह पाइ हरिपद भजु, करम बचन अरु ही ते।
सहसबाहु, दसबदन आदि नृप बचे न काल बली ते।
हम–हम करि धन धाम सवारे, अंत चले उठि रीते।

सुत-बनितादि जानि स्वारथरत, न करु नेह सब ही ते।
अंतहु तोहिं तजेंगे पामर ! तू न तजै अब ही ते।
अब नाथहिं अनुराग, जागु जड़, त्यागु दुरासा जी ते।
बुझै कि काम अगिनि तुलसी कहुँ, बिषय भोग बहु घी ते।।

तुलसीदास भी भिन्नार्थक, लेकिन समान ध्वनियों वाले शब्दों में तुक मिला देते हैं। इस पद में दूसरी और पाँचवी पंक्ति में एक ही तुक का प्रयोग हुआ है– 'ही', लेकिन पहले 'ही' का अर्थ जहाँ 'हृदय' है, वहाँ दूसरा 'ही' जोर देने के लिए आया है। सातवीं पंक्ति का सौंदर्य 'जागु' और 'त्यागु' के अनुप्रास में तो है ही, 'अनुराग' शब्द का क्रिया-रूप में प्रयोग करने में भी है।

एक भिन्न प्रकार का पद है, जो निराला के प्रसिद्ध गीत 'प्रात तव द्वार पर' की किसी हद तक याद दिलाता है। लेकिन तुलसीदास का यह पद अपेक्षाकृत ठेठ भाषा में लिखा गया है। देखिए–

द्वार हौं भोर ही को आजु।
रटत रिरिहा आरि और न, कौर ही तें काजु।
कलि कराल दुकाल दारुन, सब कुभाँति कुसाजु।
नीच जन, मन ऊँच, जैसी कोढ़ में की खाजु।
हहरि हिय में सदय बुझ्यो जाइ साधु-समाजु।
मोहुसे कहुँ कतहुँ कोउ तिन्ह कह्यो, कोसलराजु।
दीनता-दारिद दलै को कृपाबारिधि बाजु।
दानि दसरथराय के, तुम बानइत सिरताजु।
जनम को भूखो भिखारी हौं गरीबनिवाजु।
पेट भरि तुलसिहि जेंवाइय भगति-सुधा-सुनाजु।।

यह पद अकाल के समय का है, जब तुलसीदास को अन्न के लाले पड़े थे। उन्हें कुछ संतों ने बतलाया कि वे राम की भक्ति करें, वही उनकी सभी कामनाएँ पूरी करेंगे। अकाल के संदर्भ में ही तुलसीदास राम से कहते हैं कि वे उन्हें भक्ति-रूपी अमृत के समान सुंदर भोजन भरपेट खिला दें। इसमें 'बाजु' का अर्थ है 'छोड़कर' और 'बानइत' का अर्थ है 'बाना'। मतलब यह

कि दानियों का बाना रखनेवालों में राम श्रेष्ठ हैं। तुलसीदास की एक पंक्ति अपनी सुंदरता और मार्मिकता के कारण बहुत प्रसिद्ध है– 'डासत ही गइ बीति निसा सब कबहुँ न नाथ ! नींद भरि सोयो'। यह निम्नलिखित पद के अंत में आता है–

मोहि मूढ़ मन बहुत बिगोयो।
याके लिए सुनहु करुनामय, मैं जग जनमि जनमि दुख रोयो।
सीतल मधुर पियूष सहज सुख निकटहि रहत दूरि जनु खोयो।
बहु भाँतिन श्रम करत मोहबस बृथहि मंदमति बारि बिलोयो।
करम-कीच जिय जानि, सानि, चित, चाहत कुटिल मलहि मल धोयो।
तृषावंत सुरसरि बिहाय सठ फिरि फिरि बिकल अकास निचोयो।
तुलसिदास प्रभु कृपा करहु अब मैं निज दोष कछू नहिं गोयो।
डासत ही गइ बीति निसा सब कबहुँ न नाथ ! नींद भरि सोयो।।

सच्ची आत्माभिव्यक्ति से कविता कितनी जोरदार हो जाती है, उसका यह पद उत्कृष्ट उदाहरण है। इसमें 'बिगोना' का अर्थ है 'छकाना', 'निचोना' का अर्थ है 'निचोड़ना' और 'गोना' का अर्थ है 'छिपाना'। 'बिलोना' का अर्थ सर्वविदित है– 'मथना'। इन शब्दों का अर्थ स्पष्ट हो जाने पर इस पद की पंखुड़ियाँ कमल की तरह खुल जाती हैं।

3

सभी वैष्णव संप्रदायों में कार्पण्य अर्थात् भगवान् के आगे दैन्य-प्रदर्शन को भक्ति का एक अंग माना गया है। व्यवहार में वह रूढ़ि अर्थात् आत्मनिंदा का रूप ले लेता है। भक्त कितना भी उच्च चरित्र वाला क्यों न हो, वह अपने को हीन और सभी अवगुणों की खान बतलाता ही है। सूरदास नेत्रहीन थे, उनका जीवन गंगाजल की तरह पवित्र था और वे मृत्युपर्यंत भगवद्भक्ति में लगे रहे, तथापि उन्होंने अपने एक प्रसिद्ध पद में कहा है : 'मो सम कौन कुटिल खल कामी।/जिन तनु दियो ताहि बिसरायो ऐसो नोन हरामी।' तुलसीदास की आत्मनिंदा या आत्मभर्त्सना के साथ ऐसी बात नहीं है। वह रूढ़ि-मात्र का निर्वाह नहीं है, क्योंकि उनके शब्दों में सच्चाई की तपिश है। अमृतलाल नागर

ने अपने उपन्यास 'मानस का हंस' में उनका संबंध एक वेश्या से बतलाया है। यह निरी कल्पना नहीं है, क्योंकि इसकी पुष्टि संपूर्ण विनयपत्रिका से होती है। तुलसीदास आजन्म एक अपराध-भाव से ग्रस्त रहे। क्यों ? इसलिए कि काम के जिस जाल में वे फँसे थे, उससे निकलना उनके लिए दुष्कर था। स्वभावतः उनकी आत्मस्वीकृति में एक बल है, जो हमारे ऊपर से नहीं गुजर जाती, बल्कि हमें भीतर से दूर तक प्रभावित करती है। यहाँ आकर उनकी उपर्युक्त इन उक्तियों का अर्थ भी पूर्णतः स्पष्ट हो जाता है : 'हौं प्रसिद्ध पातकी, तू पाप-पुंज-हारी', 'अब लौं नसानी, अब न नसैहौं', 'मन पछतैहै अवसर बीते', 'डासत ही गइ बीति निसा सब कबहुँ न नाथ ! नींद भरि सोयो' आदि। ऐसे कुछ पदों को भी देखना जरूरी है।

एक पद में तुलसीदास कहते हैं :

कहु केहि कहिय कृपानिधे ! भव-जनित बिपति अति।
इंद्रिय सकल बिकल सदा, निज निज सुभाउ रति।
जो सुख-संपति सरग-नरक संतत सँग लागी।
हरि ! परिहरि सोइ जतन करत मन मोर अभागी।
मैं अति दीन, दयालु देव सुनि मन अनुरागे।
जो न द्रवहु रघुबीर धीर, दुख काहे न लागे।
*जद्यपि मैं **अपराध-भवन**, दुख -समन मुरारे।*
तुलसिदास कहँ आस यहै बहु पतित उधारे।।

कृपानिधान ! मैं अपनी सांसारिक विपत्ति का दुःख किसे सुनाऊँ ? सारी इंद्रियाँ अपने-अपने स्वभाव के अनुसार अपने-अपने विषयों में आसक्त हैं। ये तो सदा सुख-संपत्ति और स्वर्ग-नरक की चिंता में फँसी ही रहती हैं, पर हे हरे ! मेरा यह अभागा मन भी आपको छोड़कर इनका ही साथ दे रहा है। हे देव ! मैं अत्यंत दीन हूँ, आपका दयालु नाम सुनकर मैंने आपमें मन लगाया है। हे रघुवीर ! हे धीर ! यदि आप मुझ पर दया नहीं करते, तो मुझे कैसे दुःख नहीं होगा ? अवश्य ही मैं घोर अपराधी हूँ, पर हे मुरारे ! आप तो दुःखों का नाश करनेवाले हैं। मुझे आपसे यही आशा है, क्योंकि आप अब तक ढेर सारे पतितों का उद्धार कर चुके हैं।

निश्चय ही इसमें 'अपराध-भवन' शब्द चिह्नित करने योग्य है। ऐसी ही बात

उन्होंने एक दूसरे पद में भी कही है। उसमें 'अपराध-भवन' की तरह 'अपराध-सिंधु' शब्द का प्रयोग हुआ है। कहते हैं—

हे हरि ! कवन दोष तोहिं दीजै।
जेहि उपाय सपनेहुँ दुरलभ गति, सोइ निसि-बासर कीजै।
जानत अर्थ अनर्थरूप, तमकूप परब यहि लागे।
तदपि न तजत स्वान अज खर ज्यों, फिरत बिषय अनुरागे।
भूत-द्रोह कृत मोह-बस्य हित आपन मैं न बिचारो।
मद-मत्सर-अभिमान ग्यान-रिपु, इन महँ रहनि अपारो।
बेद-पुरान सुनत समुझत रघुनाथ सकल जगब्यापी।
बेधत नहिं श्रीखंड बेनु इव, सारहीन मन पापी।
*मैं **अपराध-सिंधु** करुनाकर ! जानत अंतरजामी।*
तुलसिदास भव-ब्याल-ग्रसित तव सरन उरग-रिपु-गामी।।

हे हरे ! तुम्हें क्या दोष दूँ ? जिन उपायों से स्वप्न में भी मोक्ष मिलना दुर्लभ है, मैं दिन-रात वही किया करता हूँ। जानता हूँ कि इंद्रियों के भोग सर्वथा अनर्थ-रूप हैं, जिनमें फँसकर अज्ञानरूपी अँधेरे कुएँ में गिरना होगा। फिर भी मैं विषयों में आसक्त होकर कुत्ते, बकरे और गधे की तरह इन्हीं के पीछे भटकता हूँ। अज्ञानवश जीवों के साथ द्रोह करता हूँ और अपना हित नहीं सोचता। मद, ईर्ष्या, अहंकार आदि, जो ज्ञान के शत्रु हैं, मैं उन्हीं में सदा रचा-बसा रहता हूँ। वेदों और पुराणों को सुनता हूँ तथा समझता हूँ कि राम ही समस्त संसार में रम रहे हैं, परंतु मेरे पापी मन में यह बात वैसे ही नहीं समाती, जैसे चंदन की सुगंध बिना गूदे के बाँस में नहीं जाती। हे करुणाकर ! मैं तो अपराधों का समुद्र हूँ, तुम अंतर्यामी सब कुछ जानते हो। अतएव हे गरुड़गामी ! संसार-सर्प से डँसा हुआ मैं आपकी शरण में पड़ा हुआ हूँ।

तुलसीदास की आत्मस्वीकृति आगे भी जारी रहती है और बाद में आनेवाले एक पद में वे निवेदन करते हैं—

कैसे देउँ नाथहिं खोरि।
काम-लोलुप भ्रमत मन हरि भगति परिहरि तोरि।
बहुत प्रीति पुजाइबे पर, पूजिबे पर थोरि।
देत सिख सिखयो न मानत, मूढ़ता असि मोरि।

किए सहित सनेह जे अघ हृदय राखे चोरि।
संग-बस किए सुभ सुनाए सकल लोक निहोरि।
करौं जो कुछ धरौं सचि-पचि दंभ लेत अँजोरि।
लोभ मनहिं नचाव कपि ज्यों गरे आसा-डोरि।
बात कहौं बनाइ बुध ज्यों, बर बिराग निचोरि।
एतेहुँ पर तुम्हरो कहावत, लाज अँचई घोरि।
निलजता पर रीझि रघुबर, देहु तुलसिहिं छोरि।।

स्वामी को दोष कैसे दूँ ? हे हरे ! मेरा मन तुम्हारी भक्ति को छोड़कर कामनाओं में फँसा हुआ इधर-उधर भटकता है। अपने पुजाने में तो बड़ा प्रेम है, लेकिन तुम्हें पूजने में मेरी बहुत कम प्रीति है। दूसरों को तो खूब सीख दिया करता हूँ, पर स्वयं किसी की शिक्षा नहीं मानता। मैं ऐसा मूर्ख हूँ। जिन-जिन पापों को मैंने बड़े अनुराग से किया था, उन्हें तो मैं हृदय में छिपाकर रखता हूँ, पर कभी किसी अच्छे संग के प्रभाव से मुझसे जो कुछ अच्छे काम बन गए हैं, उन्हें दुनिया को निहोरा कर-कर सुनाता फिरता हूँ। कभी कुछ सत्कर्म बन जाता है, तो उसे खेत में पड़े हुए अन्न के दानों की तरह बटोर-बटोरकर रख लेता हूँ। किंतु हे दयानिधान ! दंभ जबर्दस्ती हृदय में घुसकर उसे बाहर निकाल फेंकता है। तात्पर्य यह कि वह थोड़े-बहुत सुकृत को भी नष्ट कर देता है। लोभ मेरे मन को आशारूपी रस्सी से इस तरह नचा रहा है, जैसे मदारी बंदर के गले में डोरी बाँधकर उसे नचाता है। इतने पर भी मैं एक बड़े पंडित की तरह परम वैराग्य के तत्त्व की बातें बना-बनाकर सुनाता फिरता हूँ। इतना दंभी होने पर भी मैं तुम्हारा दास कहलाता हूँ। हे रघुनाथ ! मेरी इस निर्लज्जता पर ही रीझकर तुम मुझे मुक्ति प्रदान कर दो।

पाठक मानेंगे कि इस पद में तुलसीदास ने अपने हृदय को खोलकर रख दिया है, वर्ना वे अपने पाखंड की चर्चा न करते। भीतर से कुछ और और बाहर से कुछ और, यह बात उन्हें सालती ही नहीं है, वे उसे सार्वजनिक तौर पर घोषित भी करते हैं। इतना ही नहीं, यह भी कहते हैं कि उन्हें पुजाना तो बहुत अच्छा लगता है, पर अपने आराध्य को पूजना बहुत कठिन है। एक अन्य पद में भी उन्होंने कहा है कि 'जितो दुराव दासतुलसी उर क्यों कहि आवत ओतो।/तेरे राज राय दशरथ के, लयो बयो बिनु जोतो', अर्थात् मेरे मन में जितना कपट है, वह कैसे कहा जा सकता है? पर हे दशरथ-दुलारे ! तेरे राज्य में लोगों ने बिना ही जोते-बोए पाया है। तात्पर्य यह कि बिना सत्कर्म किए जैसे अनेक पापी तर गए हैं, मैं भी तर जाऊँगा। उपर्युक्त पदों के क्रम में

ही अगला पद है—

ताहि तें आयो सरन सबेरें।
ग्यान बिराग भगति साधन कछु सपनेहुँ नाथ ! न मेरें।
लोभ-मोह-मद-काम-क्रोध रिपु फिरत रैनि-दिन घेरें।
तिनहिं मिले मन भयो कुपथ-रत, फिरै तिहारेहि फेरें।
दोष-निलय यह बिषय सोक-प्रद कहत संत श्रुति टेरें।
जानत हूँ अनुराग तहाँ अति सो, हरि तुम्हरेहि प्रेरें ?
बिष पियूष सम करहु अगिनि हिम, तारि सकहु बिनु बेरें।
तुम सम ईस कृपालु परम हित पुनि न पाइहौं हेरें।
यह जिय जानि रहौं सब तजि रघुबीर भरोसे तेरें।
तुलसिदास यह बिपति बागुरौ तुम्हहिं सो बनै निबेरें।।

मैं पहले ही तुम्हारी शरण में आ गया हूँ। हे नाथ ! ज्ञान, वैराग्य, भक्ति आदि साधन तो मेरे पास स्वप्न में भी नहीं हैं। मुझे तो लोभ, अज्ञान, घमंड, काम और क्रोध-रूप शत्रु ही रात-दिन घेरे रहते हैं। इन सबके साथ मिलकर यह मन भी कुपथगामी हो गया है। अब यह तुम्हारे ही फेरने से फिरेगा। संत और वेद टेर लगाकर कहते हैं कि ये सब विषय पापों के घर और शोकप्रद हैं। यह जानते हुए भी मेरा उन विषयों से जो इतना अनुराग है, सो हे हरि ! तुम्हारी ही प्रेरणा से तो नहीं है ? तुम विष को अमृत और अग्नि को बर्फ बना सकते हो तथा बिना बेड़े के ही पार लगा सकते हो ! तुम्हारे समान कृपालु और परम हितकारी स्वामी ढूँढ़ने पर भी अन्यत्र नहीं मिलेगा। यही समझकर मैं सब त्यागकर तुम्हारे भरोसे आ गया हूँ। मेरा यह विपत्ति-जाल तुम्हारे काटने से ही कटेगा।

मैंने शुरू में ही यह निवेदन किया था कि विनयपत्रिका में एक हार्दिकता है। यह हार्दिकता भक्ति-काल के दूसरे कवियों में शायद ही मिले। पाठकों से दिल खोलकर किसी कवि ने बात नहीं की। इस ग्रंथ की प्रभावोत्पादकता का यह बड़ा कारण है।

आत्मस्वीकृतिपरक उनका अंतिम पद है :

जनम गयो बादिहिं बर बीति।
परमारथ पाले न पर्यो कछु, अनुदिन अधिक अनीति।
खेलत खात लरिकपन गो चलि, जौबन जुवतिन लियो जीति।
रोग-बियोग-सोग-श्रम-संकुल बड़ि बय बृथहि अतीति।

राग-रोष-इरिषा-बिमोह-बस रुची न साधु-समीति।
कहे न सुने गुनगन रघुबर के, भइ न रामपद-प्रीति।
हृदय दहत पछिताय अनल अब, सुनत दुसह भवभीति।
तुलसी प्रभु तें होइ सो कीजिय समुझि बिरद की रीति।

जीवन व्यर्थ ही बीत गया। परमार्थ तनिक भी पल्ले नहीं पड़ा। दिनोदिन अनीति बढ़ती ही गई। लड़कपन तो खेलते-गाते बीत गया, जवानी को युवतियों ने जीत लिया और बुढ़ापा भी रोग, स्त्री-पुत्रादि के वियोग, शोक तथा परिश्रम से परिपूर्ण होने के कारण व्यर्थ ही बीता। राग, क्रोध, ईर्ष्या और मोह के कारण संतों की सभा अच्छी नहीं लगी, फलतः न तो राम की गुणावली ही कही-सुनी, न उनके चरणों में प्रेम ही हुआ। संसार के दु:सह भय को सुनकर अब यह हृदय अनुताप की अग्नि से जला जा रहा है। तुलसीदास राम से कहते हैं कि अपने विरुद को ध्यान में रखकर अब जो कुछ भी बन पड़े आप ही मेरे लिए करें।

'जौबन जुवतिन लियो जीति' ऐसा कहने का आधार है। पं. विश्वनाथ प्रसाद मिश्र ने लिखा है कि तुलसीदास ने तीन विवाह किए थे और जिस पत्नी की बातों से उन्हें वैराग्य हुआ था, वह उनकी तीसरी पत्नी यमुना थी। वैसे भी किंवदंतियों में उनकी कामुकता का उल्लेख होता है। उन्हें तारक नामक एक पुत्र भी हुआ था, जो जीवित न बचा। ऊपर के पदों से यह प्रमाणित है कि तुलसीदास में आत्मस्वीकृति के साहस की कमी नहीं थी। उनके बड़प्पन का यह महत्त्वपूर्ण कारण है। आधुनिक हिंदी कविता में मुक्तिबोध की आत्मभर्त्सना अपने खरेपन के चलते प्रसिद्ध है। उनकी आत्मभर्त्सना का कारण उनका अपने मध्यवर्गीय संस्कारों से मुक्त होकर सर्वहारा से नहीं मिल पाना है। तुलसीदास की आत्मभर्त्सना मध्ययुग में एक बेहतर इंसान न बन पाने के कारण थी।

यहीं हमें एक और पद देख लेना चाहिए, जिसमें तुलसीदास ने अपने जीवन का हवाला देते हुए कहा है—

नाम राम रावरोई हित मेरे।
स्वारथ-परमारथ साथिन्ह सों भुज उठाइ कहौं टेरे।
जननी-जनक तज्यो जनमि, करम बिनु बिधिहु सृज्यो अबडेरे।
मोहुँसो कोउ-कोउ कहत रामहि को, सो प्रसंग केहि केरे।

फिर्यौ ललात बिनु नाम उदर लगि, दुखउ दुखित मोहि हेरे।
नाम-प्रसाद लहत रसाल-फल अब हौं बबुर बहेरे।
साधत साधु लोक-परलोकहि, सुनि गुनि जतन घनेरे।
तुलसी के अवलंब नाम को, एक गाँठि कइ फेरे।

हे राम ! आपका नाम ही मेरा कल्याण करनेवाला है, यह बात मैं हाथ उठाकर स्वार्थ और परमार्थ के सभी साथियों से पुकार कर कहता हूँ। माता-पिता ने तो मुझे उत्पन्न करके ही छोड़ दिया था, ब्रह्मा ने भी कुछ अभागा और बेढब-सा बनाया। फिर भी कोई-कोई मुझे राम का दास कह देता है, तो किस अभिप्राय से ? जब मैं राम-नाम की शरण में नहीं गया था, तब मैं पेट भरने के लिए ललाता फिरता था। मेरी ओर देखकर दु:ख को भी दु:ख होता था। पहले मेरे लिए जो बबूल और बहेड़े के वृक्ष थे, राम की कृपा से उन्हीं पेड़ों से मुझे अब आम के फल मिल रहे हैं। संतजन तो शास्त्रों को सुनकर और उन्हें गुनकर अनेक साध नों से अपना लोक और परलोक बना लेते हैं। लेकिन मुझे तो एक राम-नाम का ही अवलंब है, जैसे एक ही गाँठ पर चाहे जितने लपेटे हों, अर्थात् साधन चाहे अनेक हों, पर सबका आधार एक राम-नाम ही है।

जाहिर है, किसी व्यक्ति की कथनी और करनी में फर्क हो और दुर्भाग्यवश वह व्यक्ति साधु-संन्यासी हो, तो लोग तरह-तरह से उसका मजाक उड़ाते हैं। स्वभावतः तुलसीदास का भी समाज में बहुत उपहास किया गया था। अपने निम्नलिखित पद में वे उस उपहास का भी जिक्र करते हैं—

तब तुम मोहू-से सठनि को हठि गति न देते।
कैसेहु नाम लेइ कोउ पामर, सुनि सादर आगे ह्वै लेते।
पाप-खानि जिय जानि अजामिल जमगन तमकि तए ताको भेते।
लियो छुड़ाइ, चले कर मींजत, पीसत दाँत गए रिस-रेते।
गौतम-तिय, गज, गीध, बिटप, कपि, हैं नाथहिं नीके मालुम जेते।
तिन्ह तिन्ह काजनि साधु-समाजु तजि कृपासिंधु तब तब उठिगे ते।
अजहुँ अधिक आदर एहि द्वारे, पतित पुनीत होत नहिं केते।
मेरे पासंगहु न पूजिहैं, ह्वै गए, हैं, होने खल जेते।
हौं अब लौं करतूति तिहारिय चितवत हुतो न रावरे चेते।
अब तुलसी पूतरो बाँधिहै, सहि न जात मो पै **परिहास** *एते।।*

जब तुमने अनेक दुष्टों को परमगति दी है, तब तुम मुझ-सरीखे दुष्टों को

हठपूर्वक परमपद क्यों नहीं देते ? कोई भी पापी कैसे भी तुम्हारा नाम लेता हो, सुनते ही तुम बड़े आदर के साथ उसे आगे बढ़कर लेते हो, फिर मेरे लिए भी ऐसा क्यों नहीं करते ? अजामिल को यमदूतों ने अपने मन में पापों की खान समझकर तमककर भय दिखाते हुए कष्ट दिया, किंतु तुमने उसे मरते समय धोखे से 'नारायण' नाम लेने पर भी उनके हाथों से छुड़ा लिया। यमदूत हाथ मलते और क्रोध के मारे दाँत पीसते हुए खाली हाथ लौट गए। अहल्या, गजेंद्र, जटायु, यमलार्जुन, सुग्रीव आदि कैसे थे, सो नाथ को अच्छी तरह मालूम है, परंतु जब उन सबका काम पड़ा, तुम संत-समाज को छोड़कर वहाँ से चल दिए। आज भी तुम्हारे दरवाजे पर ऐसों का ही अधिक आदर है और न जाने कितने पापी नित्य पवित्र बनाए जाते हैं। ऐसा होते हुए भी अब तक मेरी सुनवाई क्यों नहीं हुई ? क्या मैं कम पापी हूँ ? संसार में जितने दुष्ट हुए हैं, हैं और होंगे, वे सब तो मेरे पासंग के बराबर भी न होंगे। अब तक तो मैं तुम्हारे करतब की ओर टक लगाए देख रहा था, परंतु तुमने इधर कोई ध्यान नहीं दिया, इसलिए अब मैं तुम्हारे नाम का पुतला बाँधूँगा, क्योंकि मुझसे अब इतना उपहास बर्दाश्त नहीं होता। (जब नटों को खेल दिखाने पर कुछ नहीं मिलता, तब वे कपड़े का पुतला बनाकर उसे बाँस पर लटकाए हुए कहते फिरते हैं कि देखो, यह कैसा अनुदार है। इससे लज्जित होकर उसको लोग कुछ न कुछ दे ही देते हैं।)

तुलसीदास भी राम को लज्जित कर उनसे अपने उद्धार की आशा करते हैं। इस पद की एक विशेषता यह भी है कि इसमें तुलसीदास ने अपने में राम-भक्ति के अभाव के लिए अपने को कोसा नहीं है।

4

कहा जा चुका है कि तुलसीदास ने कवितावली या मानस में जो कलियुग-वर्णन किया है, वह वस्तुतः उनका 'देखा हुआ समाज' था। विनयपत्रिका के भी एकाधिक पदों में उन्होंने अपने पतनशील परिवेश का वर्णन किया है। एक पद में विस्तार से किया गया वह वर्णन देखिए—

राज-समाज कुसाज कोटि कटु कलपित कलुष कुचाल नई है।
नीति, प्रतीति, प्रीति, परमित पति हेतुबाद हठि हेरि हई है।
आश्रम-बरन-धरम-बिरहित जग, लोक-बेद, मरजाद गई है।
प्रजा पतित, पाखंड-पापरत, अपने अपने रंग रई है।
शांति, सत्य, सुभ रीति गई घटि, बढ़ी कुरीति, कपट-कलई है।
सीदत साधु, साधुता सोचति, खल बिलसत, हुलसति खलई है।

परमारथ स्वारथ, साधन भए अफल, सफल नहिं सिद्धि सई है।
कामधेनु-धरनी कलि-गोमर-बिबस बिकल जामति न बई है।
कलि-करनी बरनिए कहाँ लौं, करत फिरत बिनु टहल टई है।
तापर दाँत पीसि कर मींजत, को जानै चित कहा ठई है।
त्यों-त्यों नीच चढ़त सिर ऊपर, ज्यों-ज्यों सीलबस ढील दई है।
सरुष बरजि तरजिए तरजनी, कुम्हिलैहै कुम्हड़े की जई है।।

यह भी कहा जा चुका है कि तुलसीदास सनातनी हिंदू थे, इसलिए आश्रम और वर्ण-व्यवस्था का पतन उन्हें कष्ट देता था। 'त्यों-त्यों नीच चढ़त सिर ऊपर, ज्यों-ज्यों सीलबस ढील दई है' ऊँची जाति के लोग यह कहते हुए अक्सरहा सुने जाते हैं, खास तौर से तबसे, जबसे पिछड़ी और अनुसूचित जातियाँ संगठित होकर समाज और राजनीति के दृश्य-पटल पर उभरी हैं। श्रीमद्भगवद्गीता में वर्णाश्रम-धर्म को सुदृढ़ करने पर बहुत जोर दिया गया है। इसका कारण यह है कि उसकी रचना के समय में भी यह व्यवस्था शिथिल पड़ने लगी थी। तुलसीदास के समय में भी सामंतवाद के दरकने और व्यक्तिगत व्यापार के बढ़ने से वही स्थिति पैदा हो गई थी, इसलिए उनका घबड़ाना स्वाभाविक था। उपर्युक्त काव्यांश में प्रयुक्त 'परमित' शब्द का अर्थ है 'परंपरा की रीति', 'पति' का प्रतिष्ठा, 'हेतुबाद' का नास्तिकवाद और 'गोमर' का कसाई। इस पूरे पद में, जो चौबीस पंक्तियों का है, तुलसीदास ने एक ही प्रकार की तुक का निर्वाह किया है, जो एक तरफ उनकी सृजनात्मक क्षमता का सूचक है और दूसरी तरफ शब्दों को अपनी जरूरत के मुताबिक ढाल लेने के उनके सृजनात्मक साहस का। उन तुकों में से 'हई' का संबंध 'हनन' से है, 'रई' का रँगना' से, 'सई' का 'सही'से, 'बई' का 'बोना' से और 'ठई' का 'ठानना' से। 'टई' का अर्थ है 'काम' और 'जई' का 'छोटा फल' अर्थात् 'बतिया'। उनके समय में धर्म ही सबसे बड़ी सत्ता थी, इसलिए वे कलियुग से त्राण के लिए अपने प्रभु को ही पुकारते हैं। इस दृष्टि से उनका एक पूरा पद देखने योग्य है—

नाथ कृपा ही को पंथ चितवत दीन हौं दिनराति।
होइ धौं केहि काल दीनदयालु ! जानि न जाति।

सुगुन, ग्यान-बिराग-भगति, सुसाधननि की पाँति।
भजे बिकल बिलोकि कलि अघ-अवगुननि की थाति।
अति अनीति-कुरीति भइ भुइँ तरनि हू ते ताति।
जाउँ कहँ ? बलि जाउँ, कहूँ न ठाउँ, मति अकुलाति।
आप सहित न आपनो कोउ, बाप ! कठिन कुभाँति।
स्यामघन ! सींचिए तुलसी, सालि सफल सुखाति।

अंतिम पंक्ति के पहलेवाली पंक्ति में प्रयुक्त 'आप' शब्द का अर्थ है 'स्वयं'। 'भुइँ तरनि हू ते ताति' और 'सालि सफल सुखाति' का सौंदर्य मर्मज्ञ पाठक अवश्य समझेंगे। 'तरनि' शब्द का अर्थ है 'सूर्य', 'ताति' का 'गरम' और 'सालि' का 'धान'।

विनयपत्रिका में एक पद दार्शनिक भी है और आश्चर्य की बात है कि उसका ध्रुवक भी हिंदी की लोकोक्तियों में शामिल हो चुका है। वह पद है–

केशव ! कहि न जाइ का कहिए।
देखत तव रचना बिचित्र हरि ! समुझि मनहिं मन रहिए।
सून्य भीति पर चित्र, रंग नहिं, तनु बिनु लिखा चितेरे।
धोए मिटइ न मरइ भीति, दुख पाइअ एहि तनु हेरे।
रबिकर-नीर बसै अति दारुन मकर रूप तेहि माहीं।
बदन-हीन सो ग्रसै चराचर, पान करन जे जाहीं।
कोउ कह सत्य, झूठ कह कोऊ, जुगल प्रबल कोउ मानै।
तुलसिदास परिहरै तीन भ्रम, सो आपन पहिचानै।।

हे केशव ! क्या कहूँ, कुछ कहा नहीं जाता। तुम्हारी यह विचित्र रचना अर्थात् लीला देखकर मन ही मन समझकर रह जाता हूँ। कैसी विचित्र बात है कि संसाररूपी इस चित्र को निराकार चित्रकार ने शून्य अर्थात् माया की दीवार पर बिना रंग के ही बनाया है। यह चित्र धोने से भी नहीं मिटता। इसको मृत्यु का भय लगा रहता है। इसे देखकर आनंद के बदले दु:ख होता है। मृग-मरीचिका में एक भयानक मगर रहता है, जिसके मुँह नहीं है, पर वहाँ जो भी जल पीने जाता है, वह उसे ग्रस लेता है। इस संसार को कोई सत्य कहता है, कोई मिथ्या और कोई सत्य तथा मिथ्या दोनों के मेल से निर्मित। मेरे मत से तो जो इन तीनों

भ्रमों से निवृत्त हो जाता है, अर्थात् सब कुछ को परमात्मा की लीला ही समझता है, वही अपने असली स्वरूप को पहचान सकता है।

निश्चय ही इस पद में तुलसीदास ने निगूढ़ दार्शनिक तथ्यों को बहुत ही सरल भाषा में रखा है।

विनयपत्रिका के पदों के बीच में कभी-कभी बहुत सुंदर उक्तियाँ मिलती हैं। दो-तीन उदाहरण—

1. *असन, बसन, पसु, बस्तु बिबिध बिधि, सब मनि महँ रह जैसे।*
   सरग, नरक, चर-अचर लोक बहु, बसत मध्य मन तैसे।
2. *काल-करम-बस मन कुमनोरथ कबहुँ कबहुँ कुछ भो तो।*
   ज्यों मुदमय बसि मीन बारि तजि उछरि भभरि लेत गोतो।
3. *सरद-भव सुंदर तरुनतर अरुन-बारिज-बरन।*
   लच्छि-लालित ललित करतल छबि अनूपम धरन।

पहले उद्धरण में तुलसीदास ने मनुष्य के मन के भीतर ही स्वर्ग-नरक आदि की स्थिति बतलाई है, जैसे मणि के भीतर ही नाना वस्तुएँ रहती हैं। तात्पर्य यह कि मणि को पैसे में बदलकर उससे कोई भी वस्तु खरीद सकते हैं। दूसरे उद्धरण में कवि अपने प्रभु से कहता है कि काल तथा कर्म के प्रभाव से यदि कभी-कभी मन में कोई बुरी कामना आ जाती है, जिससे वह उनकी ओर से हटने लगता है, तो वह ऐसा ही है, जैसे आनंद से जल में रहती हुई मछली कभी-कभी उछलकर फिर घबड़ाकर उसी में गोता लगा जाती है। 'भो' का अर्थ है 'हुआ' और 'भभरि' का अर्थ है 'घबड़ाकर'। तीसरे उद्धरण का संबंध विष्णु के चरणों से है। कवि उनकी विशेषता बतलाते हुए कहता है कि उनका रंग शरद् ऋतु में उत्पन्न सुंदर और सद्यःप्रस्फुटित कमलों के समान है, जिन्हें लक्ष्मी अपनी सुंदर हथेलियों से दबाया करती हैं, जो अतुलनीय शोभा से युक्त हैं। मेरा उद्देश्य 'लच्छि-लालित ललित करतल' इस शब्दावली के लालित्य की ओर संकेत करना है। तुलसीदास की तुकों की बंदिश हमने ऊपर उद्धृत कई पदों में देखी है। फिर भी यदि अलग से देखना हो, तो नीचे

एक पद उद्धृत है—

प्रिय रामनाम तें जाहि न रामो।
ताको भलो कठिन कलिकालहुँ आदि-मध्य-परिनामो।
सकुचत समुझि नाम-महिमा मद-लोभ मोह-कोह-कामो।
राम-नाम-जप-निरत सुजन पर करत छाँह घोर घामो।
नाम-प्रभाउ सही जो कहै कोउ सिला सरोरुह जामो।
जो सुनि-सुमिरि भाग-भाजन भइ सुकृत सील भील-भामो।
बालमीकि-अजामिल के कछु हुतो न साधन सामो।
उलटे पलटे नाम-महातम गुंजनि जितो ललामो।
राम तें अधिक नाम-करतब, जेहि किए नगर-गत गामो।
भए बजाइ दाहिने जो जपि तुलसिदास से बामो।

आचार्य शुक्ल ने इसलिए तुलसीदास की आलोचना की है कि उन्होंने राम से अधिक महत्त्व उनके नाम को दिया है। यहाँ कवि पुनः राम पर उनके नाम का महत्त्व स्थापित करता है। लेकिन यहाँ हमारा लक्ष्य केवल उसके तुक-विधान की असाधारण क्षमता निर्दिष्ट करना है। पद के अर्थ के साथ तुकों का अर्थ भी खुलता जाएगा।

जिसे राम भी राम-नाम की अपेक्षा अधिक प्यारे नहीं हैं, उसका इस कराल कलि-काल में आदि, मध्य और अंत तीनों ही कालों में कल्याण होगा। नाम की महिमा समझकर अभिमान, लोभ, अज्ञान, क्रोध और काम सकुचा जाते हैं। जो सज्जन सदा राम-नाम का जप करते रहते हैं, उन पर कड़ी धूप भी छाया कर देती है। यदि कोई कहे कि नाम के प्रभाव से पत्थर में कमल उत्पन्न हो गया, तो उसे भी सच मानना चाहिए। उस नाम को सुनने और स्मरण करने से भीलनी भी परम भाग्यवती तथा शील और पुण्यमयी बन गई। वाल्मीकि और अजामिल के पास तो कोई भी साधन की सामग्री नहीं थी, किंतु उन्होंने भी उलटे-पुलटे राम-नाम के माहात्म्य से घुँघचियों से रत्न जीत लिए, यानी परम रत्न परमात्मा को पा लिया। नाम की शक्ति राम से भी अधिक है, जिसने ग्राम्य जनों को भी नागरिक बना दिया। साथ ही उसे जपकर मेरे-सरीखे बुरे जीव भी डंके की चोट पर अच्छे हो गए।

तुलसीदास की इस बंदिश में नोट करने लायक बात यह है कि उन्होंने

लोक-भाषा के शब्दों की ताकत को पहचाना था और अनेक बार तत्सम शब्दों को भी अपना अभिजात रूप छोड़कर तद्भव शब्दों की पंगत में बैठने को बाध्य किया था। कहने की आवश्यकता नहीं कि हिंदी तद्भव-प्रधान भाषा है, जिसे विनयपत्रिका में तुलसीदास ने भाँप लिया था। इस लेख के आरंभ में इस ग्रंथ के अंतिम पदों में मिश्रित छंदों के प्रयोग की बात की गई है, जिससे उनका ठीक-ठीक पाठ दुष्कर हो गया है। इसका भी एक नमूना देख लेना चाहिए—

राम राय ! बिनु रावरे मेरे को हितु साँचो ?
स्वामी-सहित सबसों कहौं, सुनि-गुनि बिसेषि
कोउ रेख दूसरी खाँचो।
देह-जीव-जोग के सखा मृषा टाँचन टाँचो।
किए बिचार सार कदलि ज्यों, मनि कनकसंग
लघु लसत बीच बिच काँचो।
'विनयपत्रिका' दीन की, बापु ! आपु ही बाँचो।
हिए हेरि तुलसी लिखी, सो सुभाय सही करि
बहुरि पूँछिए पाँचो।।

हे राजा राम ! आप को छोड़कर मेरा सच्चा हितू और कौन है ? मैं अपने स्वामी सहित सभी से कहता हूँ, उसे सुन-समझकर यदि कोई और बड़ा हो, तो दूसरी लकीर खींच दीजिए। देह और जीव के संबंध के जितने सखा मिलते हैं, वे सब मिथ्या टाँकों से सिले हुए हैं, अर्थात् संसार के सभी संबंध मायिक हैं। विचार करने पर वे सखा केले के पेड़ के सार के समान हैं, जिसे छीलने पर कुछ भी हाथ नहीं लगता। वे वैसे ही सुंदर जान पड़ते हैं, जैसे मणि-सुवर्ण के संयोग से उनके बीच स्थित क्षुद्र काँच भी सुंदर लगते हैं। हे पिता ! इस दीन की लिखी 'विनयपत्रिका' को तो आप स्वयं ही पढ़िए, किसी और से न पढ़वाएँ। मैंने इसमें अपने हृदय की सच्ची बातें ही लिखी हैं। इस पर पहले आप अपने दयालु स्वभाव से हस्ताक्षर कर दीजिए, फिर पंचों से पूछिए।

इस पद में प्रयुक्त छंद पच्चीस मात्राओं के नाम छंद और सैंतीस मात्राओं के हंसाल छंद से बना है। हंसाल छंद के यति-संबंधी नियमों को तुलसीदास ने वैसे ही नहीं माना है, जैसे अनेक बार दूसरे छंदों के शास्त्रीय नियमों को।

●●●